DBV

KRANKE BETEN

BETEN MIT KRANKEN

Herausgegeben von
Edmund Johannes Lutz

Don Bosco Verlag

CIP – Kurztitelaufnahme
der Deutschen Bibliothek
Kranke beten – Beten mit Kranken / hrsg. von
Edmund Johannes Lutz. – 1. Aufl. – München:
Don Bosco Verlag, 1984.
ISBN 3-7698-0496-1
NE: Lutz, Edmund Johannes (Hrsg.)

Mitglied der »verlagsgruppe engagement«

1. Auflage 1984 / ISBN 3-7698-0496-1

Gesamtherstellung: Buchdruckerei Gebr. Bremberger, München

Inhalt

Einführung

Mit dem Beten hatte der Mensch seit eh und je Schwierigkeiten. Bereits die Verfasser der Psalmen stammeln bisweilen bei ihren Gebetsversuchen oder wiederholen ihre Bittrufe wie einen Refrain:

> Herr, du Gott meines Heils, zu dir schreie ich am Tag und in der Nacht.
> Laß mein Gebet zu dir dringen, wende dein Ohr meinem Flehen zu. (Psalm 88)
>
> Ich rufe dich an, denn du, Gott, erhörst mich.
> Wende dein Ohr mir zu, vernimm meine Rede.
> (Psalm 17)
>
> Herr, höre mein Gebet, mein Schreien dringe zu dir. Verbirg dein Antlitz nicht vor mir! Wenn ich in Not bin, wende dein Ohr mir zu. (Psalm 102)

Aus der Tiefe rufe ich, Herr, zu dir. Höre meine Stimme! Wende dein Ohr mir zu, achte auf mein lautes Flehen! (Psalm 130)

Warum, o Herr, verwirfst du mich, warum verbirgst du dein Gesicht vor mir? (Psalm 88)

Vernimm, o Herr, mein lautes Rufen, sei gnädig und erhöre mich. Verbirg dein Gesicht nicht vor mir. (Psalm 27)

Auch die Apostel und Jünger hatten ihre Not mit dem Beten und mußten Jesus bitten: „Herr, lehre uns beten." Dem heutigen Menschen fällt das Beten besonders schwer, weil er viele Nöte, Gefahren und Bedrohungen auch ohne Gott bewältigen kann: Wir haben Blitzableiter, Hagel-, Brand- und Hochwasserversicherungen, Warngeräte und Alarmanlagen, Wettersatelliten und Computer. Vor allem aber haben wir die medizinische Versorgung: Ärzte, Fachärzte, Notärzte, Rettungshubschrauber, Stationsschwestern, Nachtschwestern, Sanitäter, Pfleger, Vor- und Nachsorge . . . Und Zigtausend von Medikamenten.
In der Krankheit freilich sieht vieles ganz anders aus. Da möchte der Kranke heim, wenn er im Krankenhaus hilflos den vielen „Weißbekittelten" und ihren unverständlichen Chiffren, Apparaturen und Verordnungen ausgeliefert ist. Aber auch zu Hause ist Kranksein eine bedrückende Last und oftmals eine Grenzsituation. Da taucht dann eine – häufig verdrängte – Sehnsucht auf: wieder beten zu können.
Gerade hier zeigt sich, wie hilflos die meisten Patienten und ihre Betreuer geworden sind. Gewiß, wir heutigen Christen sind sensibel geworden, vielleicht allzu sensibel, um mit einem Kranken ein Gespräch über das Gespräch mit Gott zu riskieren. Aber wir sind auch feige. Wir haben Angst, als aufdringlich, frömmelnd oder gar

bigott erachtet zu werden ... Wir müssen lernen, über unseren eigenen Schatten zu springen bzw. selbsterrichtete Zäune einzureißen.
Der Herausgeber und die vielen Mitarbeiter dieses Buches – u. a. Kranke, Ärzte, Schwestern, Seelsorger – möchten dem erkrankten Mitmenschen helfen, beten zu können: Gebete, die ein anderer bereits vor ihm, oftmals in ähnlicher Situation, zu sprechen versucht hat, zu lesen, anzuhören oder still mitzubeten.
Bekanntlich ist jeder Mensch eine einmalige, unwiederholbare Schöpfung Gottes. Aus dieser Einmaligkeit datiert auch sein ganz eigenes, unverwechselbares Beten.
Die nachfolgenden Texte, Beispiele und Modelle wollen und dürfen also das persönliche Beten des einzelnen Kranken nicht zuschaufeln. Im Gegenteil! Die Vielfältigkeit und die unterschiedlichen Handschriften der angebotenen Gebetsmodelle können dazu ermutigen, dem Kranken Wege zu eröffnen, wie er zu seiner ganz persönlichen Gebetsweise finden kann.
Man darf Kranke nie überfordern. Je kürzer die Schritte und Gebetszeiten sind, desto effektiver werden solche Gebetshilfen sein.
Es gibt vielerlei Kranke und Krankheiten: Leichtkranke, Langzeitpatienten, ungewisse Fälle, Schwerkranke. Es gibt kranke Kinder, Jugendliche, Menschen in den besten Lebensjahren, Alternde und Alte. Man muß wählen: ob man einem Kind sagt: „Lieber Gott, mach mich bald wieder gesund!" oder einem reifen Patienten: „Dein Wille geschehe."
Die Gebete dieses Buches sind durch die Kapitelüberschriften lediglich schwerpunktmäßig gegliedert. Die meisten Texte drücken verschiedene Haltungen und Inhalte des Betens gleichzeitig aus.

Edmund Johannes Lutz

Bitten

Gebet um Kraft und Hilfe

Herr, höre mein Gebet, vernimm mein Flehen;
in deiner Treue erhöre mich, in deiner Gerechtigkeit!

Mein Geist verzagt in mir,
mir erstarrt das Herz in der Brust.

Ich denke an die vergangenen Tage,
sinne nach über all deine Taten,
erwäge das Werk deiner Hände.
Ich breite die Hände aus und bete zu dir;
meine Seele dürstet nach dir wie dürres Land.

Herr, erhöre mich bald,
denn mein Geist wird müde;
verbirg dein Antlitz nicht vor mir,
damit ich nicht werde wie Menschen,
die längst begraben sind.

Lehre mich, deinen Willen zu tun;
denn du bist mein Gott.
Dein guter Geist leite mich auf ebenem Pfad.
Um deines Namens willen, Herr, erhalt mich am Leben,
führe mich heraus aus der Not
in deiner Gerechtigkeit!

Ps 143, 1. 4–7, 10 f

Herr, ich rufe zu dir. Eile mir zu Hilfe;
höre auf meine Stimme, wenn ich zu dir rufe.

Mein Herr und Gott, meine Augen richten sich auf dich;
bei dir berge ich mich. Gieß mein Leben nicht aus!

Ps 141, 1.8

So nimmt sich auch der Geist unserer Schwachheit an. Denn wir wissen nicht, worum wir in rechter Weise beten sollen; der Geist selber tritt jedoch für uns ein mit Seufzen, das wir nicht in Worte fassen können. Und Gott, der die Herzen erforscht, weiß, was die Absicht des Geistes ist: Er tritt so, wie Gott es will, für die Heiligen ein. Wir wissen, daß Gott bei denen, die ihn lieben, alles zum Guten führt, bei denen, die nach seinem ewigen Plan berufen sind.

Röm 8, 26–28

Um Geduld

O Herr Jesus Christus, das alte Lied singt von dir: „Allzeit erfunden geduldig, wiewohl du warest verachtet", und es hat recht. Dein ganzes Leben ist von einer großen Milde und einer bewundernswerten Langmut geprägt. Aber nirgendwo ist deine Geduld offenkundiger geworden als in deiner Passion.

Du hast sie übernommen und nichts getan, dein eigenes Leiden zu mindern, aber alles, es den anderen leichter zu machen. Unter der Last des Kreuzesbalkens hast du dich den weinenden Frauen zugewandt und sie getröstet. Und ausgespannt zwischen Himmel und Erde hast du dem Schächer das Paradies verheißen, aber auch für die vielen gebetet, die nicht wissen, was sie tun. Ohne Maß ist deine Geduld mit uns Menschen.

Bis zur Stunde leben wir alle von deiner Geduld. Und so preise ich deine Geduld mit den Mutlosen, die alle Hoffnung fahren lassen und verzweifeln möchten; deine Geduld mit den Törichten, die ihre eigenen Wege gehen möchten und nicht einsehen, daß du allein sie richtig führen kannst; deine Geduld mit den Sündern, die du immer wieder annimmst und heimholst; deine Geduld mit mir selbst, deinem ungeduldigen Geschöpf, dem die Genesung viel zu langsam vor sich geht.
Diese deine Geduld lehre mich erkennen und bedenken. Diese deine Geduld schenke mir, dem Rebzweig an dir, dem Weinstock. Diese deine Geduld erbitte ich für mich. Sie tut mir gerade in meiner Krankheit so bitter not. Erbarme dich meiner Ungeduld, du geduldiger Herr!

Johannes Riede

Ich finde keine Worte, Herr.
Meine Sprache ist verstummt.
Nur meine Hände strecke ich dir entgegen –
wie ein weinendes Kind.

Die Macht des vertrauensvollen Gebets

Ist einer von euch bedrückt? Dann soll er beten. Ist einer fröhlich? Dann soll er ein Loblied singen. Ist einer von euch krank? Dann rufe er die Ältesten der Gemeinde zu sich; sie sollen Gebete über ihn sprechen und ihn im Namen des Herrn mit Öl salben. Das gläubige Gebet wird den Kranken retten, und der Herr wird ihn aufrichten; wenn er Sünden begangen hat, werden sie ihm vergeben. Darum bekennt einander eure Sünden, und betet füreinander, damit ihr geheiligt werdet. Viel vermag das inständige Gebet eines Gerechten.

Jak 5, 13–16

Das Vaterunser

Wenn ihr betet, sollt ihr nicht plappern wie die Heiden, die meinen, sie werden nur erhört, wenn sie viele Worte machen. Macht es nicht wie sie; denn euer Vater weiß, was ihr braucht, noch ehe ihr ihn bittet. So sollt ihr beten:
Unser Vater im Himmel,
dein Name werde geheiligt,
dein Reich komme,
dein Wille geschehe
wie im Himmel, so auf der Erde.
Gib uns heute das Brot, das wir brauchen.
Und erlaß uns unsere Schulden,
wie auch wir sie unseren Schuldnern erlassen haben.
Und führe uns nicht in Versuchung,
sondern rette uns vor dem Bösen.

Mt 5, 7–13

Höre meine Worte, Herr,
achte auf mein Seufzen!
Vernimm mein lautes Schreien!

Ps 5, 2f

Herr, ich brauche dich jeden Tag

Herr, ich brauche dich jeden Tag. Gib mir die Klarheit des Gewissens, die dich fühlen und begreifen kann. Meine Ohren sind taub, ich kann deine Stimme nicht vernehmen. Meine Augen sind trüb, ich kann deine Zeichen nicht sehen. Du allein kannst mein Ohr schärfen und meinen Blick klären, mein Herz reinigen und erneuern. Lehre mich, zu deinen Füßen zu sitzen und auf dein Wort zu hören.

John Henry Newman

Krank sein

Herr, ich möchte gesund werden.
Du hast unsere Krankheiten getragen.
Nimm du alle meine Kräfte in deine Hand
und heile mich. Amen.

Herr, du bist der Friede.
Ich bin unruhig und voll Angst.
Du hast meine Sünde auf dich genommen.
Komm du. Gib mir den Frieden. Amen.

Jörg Zink

Ich bitte Dich, Herr,
um die große Kraft,
diesen kleinen Tag zu bestehen,
um auf dem großen Wege zu Dir,
einen kleinen Schritt weiterzugehen.

Ernst Ginsberg

Jesus – unser Bruder

Bruder der Armen
Bruder der Schwachen
Bruder der Leidenden
Bruder der Weinenden
Bruder der Geängstigten
Freund der Verlassenen
Freund der Verlorenen
Freund der Vergessenen
Freund der Verratenen
Freund der Geopferten

Paul Ringseisen

Fürbitten
für einen Gottesdienst mit Kranken

Herr Jesus Christus, du bist unser Erlöser,
wir rufen zu dir:

Erbarme dich der Armen und Kranken, der Hungernden und Trauernden, der Gefangenen und Verfolgten in unserer Stadt und an allen Orten.

Christus höre uns! Christus erhöre uns!

Laß uns immer besser lernen, kranke, alte und behinderte Menschen zu verstehen und ihnen auch in dunklen Stunden nahe zu sein.

Hilf allen, die den Kranken und Sterbenden beistehen, den Trost menschlicher Nähe zu geben und die rechten Worte zu sagen.

Rufe auch in unseren Tagen Männer und Frauen in deine Nachfolge, und laß sie Zeugnis geben von deinem Reiche.

Segne den Dienst der Ärzte, der Schwestern, der Pfleger und aller, die sich in dienender Sorge unserer Kranken und Sterbenden annehmen.

Gewähre allen Verstorbenen dein Erbarmen, und belebe sie mit deiner rettenden Nähe.

Denn du, Herr, bist der Weg, die Wahrheit und das Leben, dir sei Lob und Dank, jetzt und in Ewigkeit.

oder:

Herr Jesus Christus, wir wissen, daß du bei deiner Kirche und bei einem jeden von uns bist und bleibst – in guten und in schweren Tagen. Dir wollen wir vertrauen, heute und alle Tage. Amen.

Wolfgang Vogel

Die Hände Jesu

Heilende Hände

Der einem jeden (persönlich) die Hände auflegt (Lk 4,40)
Dessen Hand mich fassen und aufrichten kann (Mt 8,15)
Dessen Berührung mir die Angst nehmen kann (vgl. Mt 17,7)
Der mir mit seiner Hand die Augen öffnen kann (Mk 8,22 ff)
Der mir mit seinem Finger die Ohren er-schließt (Mk 7,31–37)
Von dessen Berührung eine heilende Kraft ausgeht (Lk 6,19)
Dessen Berührung mich zum Leben erweckt (vgl. Mt 9,25)

Rettende Hände (zu Mt 14,28–31)

Der mich übers Wasser zu gehen heißt
Der mir Mut machen möchte: „Komm!"
Der mein Schreien hört: „Rette mich, Herr!"
Der seinen Arm ausstreckt und mich faßt
Der mich vor dem Untergehen bewahrt
Dessen Hand mich aus der Tiefe zieht
Der mich im Schwankenden auf festen Boden stellt

Dienende Hände (zu Joh 13: Fußwaschung)

Dem der Vater alles in die Hände gelegt
Der sich zu unseren Füßen niederbeugt
Der vor seinen Dienern auf den Knien liegt
Der uns mit seiner Hand die Füße wäscht
Der uns so hand-greiflich Liebe erweist
Der uns so Anteil an sich selber gibt

Der unsre Hände in (denselben) Dienst nehmen will
(„ein Beispiel habe Ich euch gegeben, damit auch ihr . . .“)

Helfende Hände (zu Mt 15,32–37)

Der niemand mit leeren Händen heimschicken will
Der unser Weniges in seine Hände nimmt
Der unser Weniges in seinen Händen segnet
Der uns ermuntert, davon auszuteilen
Der unsere leeren Hände braucht
Der unsere leeren Hände mit seiner Güte füllt

Gebundene Hände (zur Passion Jesu)

In dessen Händen alle Vollmacht des Vaters liegt
(vgl. Joh 3,35)
Der seine Hände für uns binden läßt
(Joh 18,12; Mt 26,50)
Der sich uns Sündern in die Hände gibt (Mt 26,45)
Der sich dem (unbegreiflichen) Vater in die Hände gibt
Der uns gebunden in die Freiheit führt

Bergende Hände (Ostern)

Der noch im Zeichen der Umarmung stirbt
Der am Kreuz (erhöht) alle an sich zieht (Joh 12,32)
Der sich sterbend in Gottes Hände fallen läßt (Lk 23,46)
Der seinen Jüngern die durchbohrten Hände zeigt
(Joh 20,20)
Aus dessen Hand uns niemand reißen kann
(Joh 10,28, vgl. v 29)
In dessen Händen wir gut aufgehoben sind
Dem alle Macht der Liebe in die Hand gegeben ist
(vgl. Mt 28,18)

Segnende Hände (zu Lk 24,50 ff)

Der segnend seine Hände auf uns legt
Der uns allzeit zugewandt ist
Dessen Hand all unsere Wege segnet
Dessen Segen uns die Kirche spendet (vgl. Sakramente)
Dessen Hand auch heute noch Wunder tut (vgl. Apg)
Unter dessen Segen die Welt ihrem Ziel entgegenreift

Paul Ringseisen

„Naiv“

Gott, wenn ich zu dir bete,
dann komme ich mir
entsetzlich naiv vor.
Aber muß ich es nicht sein?
Darf ich es nicht sein?
Wie gut, daß ich wenigstens
im Beten
naiv sein darf.
Also bete ich:
Mach, daß alles
gut wird,
Gott!

Allmächtiger Gott und Vater,
dein Sohn hat gelitten und Schmerzen ertragen
bis zum bitteren Tod am Kreuze.
Du weißt um meine Krankheit und um meine Ängste,
um meine Unsicherheit und mein Leid.
Ich bitte dich, laß mich in deiner Hand geborgen sein.
Gib mir Anteil an deinem Leben,
das meine Hoffnung auf Gesundheit übertrifft.
Bleibe, Herr, bei mir heute, morgen und alle Tage,
die du mir schenkst.

Wolfgang Vogel

Unser Herr im Elend (Litanei zu Mt 11,28 ff)

„Kommt her zu mir, alle die ihr euch plagt und unter der Last des Lebens stöhnt – ich will euch ausruhen lassen. Nehmt mein Joch auf euch, und lernt von mir: Ich bin sanftmütig und von Herzen demütig.
Und ihr werdet Erquickung finden für euere Seelen. Mein Joch drückt nicht, und meine Last ist leicht."

Du rufst mich (uns) zu dir
Du sagst: Komm her!
Du lädst mich ein
Du erwartest mich bei dir
Du empfängst mich bei dir
Du weißt, wo mich das Leben drückt
Du weißt, wo ich mir selber Last bin
Du weißt, worunter ich stöhne
Du weißt, woran ich mich wund reibe
Du weißt, was mich so müde macht

Du Rastplatz aller Mühseligen
Du Sammelplatz aller Beladenen
Du Gast-Haus der Liebe
Du Herberge Gottes
Du Lager und Ruhstatt
Du Ruh und Rast
Du Tisch und du Stuhl
Du Brot und du Wein
Du Erquickung und Labsal
Du Re-creation
Du Kur-Ort Gottes

Du kommst vom Herzen des Vaters (Joh 1,18)
Du ruhst am Herzen des Vaters
Du bist ein Herz mit dem Vater
Dein Herz ist offener Durch-laß für den Vater (Mt 11,29)
Du läßt dir alles vom Vater geben
Du vertraust dich in allem dem Vater an

Ganz ihm gehorsam, bist du ganz frei
Ganz für ihn da, bist du ganz du
Wer dich sieht, sieht den Vater (Joh 14,9)
Wer dich hört, hört den Vater (Lk 10,16)
Wer auf dich baut, baut auf den Vater

Vom Vater her kommst du zu uns
Vom Vater her bist du mir herzlich zugewandt
Du läßt mich dir vom Vater geben
Du siehst mich mit den Augen des Vaters
Du hörst mich mit den Ohren des Vaters
Du umarmst mich mit den Armen des Vaters (vgl. Lk 15)
Du erbarmst dich mit der Liebe des Vaters

Du Heiland und Arzt
Du Helfer und Hilfe
Du gibst mir nicht etwas
Du gibst mir dich selbst
Du bist für mich da (Ex 3, 14; Mt. 28, 20)
Du hast für mich Platz (Ex 33, 21)

Du hast für mich Zeit
Du läßt mich aus-ruhen
Du läßt mich aus-reden
Du läßt mich aus-weinen
Du läßt mich auf-atmen
Du läßt mich so gelten
Du stehst zu mir (gibst mir Stand)
Du hältst zu mir (gibst mir Halt)
Du gibst mich mir
Du birgst und gibst frei

Paul Ringseisen

Sorgt euch um nichts, sondern bringt in jeder Lage
betend und flehend eure Bitten mit Dank vor Gott!

Phil 4, 6

Sie befehlen, ich gehorche (nach Psalm 38)

Herr nun liege ich hier,
und mein Schicksal bestimmen die Ärzte:
„Ich muß ins Bett! Ich darf aufstehen! Ich darf mich waschen . . .!“
Sie befehlen – ich gehorche wie ein unmündiges Kind.
Eigeninitiative ist nicht gefragt – ja frevelhaft.
Wenn sie befehlen, müssen die Schwestern springen,
auf daß es mir wohl ergehe.
Verlaß mich nicht, mein Herr, eile mir zu Hilfe unter den Menschen.
Herr, nun liege ich hier
in der 2. Klasse mit Telefon und besonderer Besuchsregelung,
isoliert von den anderen Kranken.
Die Visite singt im Chor:
„Ganz ruhig bleiben. Es wird schon wieder werden . . .“
Auf meine Fragen geben sie keine Antwort.
Sie flüchten sich in ihre formelhafte Fachsprache.
So werde ich dumm gehalten vom ersten Tag an.
Verlaß mich nicht, mein Herr, eile mir zur Hilfe unter den Menschen.
Herr, nun liege ich hier
und überdenke mein Leben.
Ich bin wie ein Tauber, der keinen Ton mehr hören kann.
Wie ein Stummer lebe ich,
der seine Lippen nicht mehr auseinander bekommt.
Mein Mund hat keine Antwort mehr bereit.
Die Frage erstirbt mir auf der Zunge.
Kraftlos bin ich und wie zerschlagen,
ich schreie um Hilfe.
Wer wird mir wirklich helfen?
Verlaß mich nicht, mein Herr, eile mir zur Hilfe unter den Menschen.

Herr, nun liege ich hier
und bitte dich: Daß nicht die sich freuen, die mich hier in Qualen sehen;
daß nicht die spotten, die gegen mich arbeiten;
daß sie nicht großtun, wenn meine Kräfte am Ende sind.
Wenn ich falle, hältst du mich fest an deiner Hand.
Verlaß mich nicht, Herr meiner Hoffnung,
bleib mir nicht fern, mein Gott!
Eile mir zu helfen, Herr, mein Heil unter den Menschen.

Uwe Seidel und Diethard Zils

Wacht und betet allezeit!

Lk 21, 36

Laßt nicht nach im Beten!

Jesus sagte ihnen durch ein Gleichnis, daß sie allezeit beten und darin nicht nachlassen sollten: In einer Stadt lebte ein Richter, der Gott nicht fürchtete und auf keinen Menschen Rücksicht nahm. In der gleichen Stadt lebte auch eine Witwe, die immer wieder zu ihm kam und sagte: Verschafft mir Recht gegen meinen Feind! Lange wollte er nichts davon wissen. Dann aber sagte er sich: Ich fürchte zwar Gott nicht und nehme auch auf keinen Menschen Rücksicht; trotzdem will ich dieser Witwe zu ihrem Recht verhelfen, denn sie läßt mich nicht in Ruhe. Sonst kommt sie am Ende noch und schlägt mich ins Gesicht. Und der Herr fügte hinzu: Bedenkt, was der ungerechte Richter sagt. Sollte Gott seinen Auserwählten, die Tag und Nacht zu ihm schreien, nicht zu ihrem Recht verhelfen, sondern zögern? Ich sage euch: Er wird ihnen unverzüglich ihr Recht verschaffen.

Lk 18, 1–8

Barmherziger Gott,
dein Sohn hat unsere Schmerzen
auf sich genommen
und uns
den geheimnisvollen Wert des Leidens gezeigt.
Wir bitten dich für alle unsere Kranken:

Laß sie erkennen,
daß sie zu denen gehören,
denen das Evangelium Trost verheißt,
und daß sie eins sind mit dem,
der für das Heil der Welt gelitten hat,
unserem Herrn Jesus Christus.

Tagesgebet der Liturgie

Jesus, Meister, erbarme dich meiner.
Herr, hab Erbarmen.
Herr, rette mich.

Segensbitten

Es segne mich Gott der Vater, der Sohn und der Heilige Geist. Amen.

Der Herr segne und behüte uns. Er lasse sein Angesicht über uns leuchten und sei uns gnädig. Er schaue auf uns und schenke uns seinen Frieden.

Es segne mich der Vater, der mich erschaffen hat; es behüte mich der Sohn, der für mich am Kreuz gelitten hat; es erleuchte mich der Heilige Geist, der in mir lebt und wirkt.

Der Herr des Friedens gebe uns den Frieden zu aller Zeit und auf jede Weise.

Die Gnade unsres Herrn Jesus Christus sei mit uns allen.

Klagen

Was ist der Mensch, daß du groß ihn achtest
und deinen Sinn auf ihn richtest,
daß du ihn musterst jeden Morgen
und jeden Augenblick ihn prüfst?
Wie lange schon schaust du nicht weg von mir,
läßt mich nicht los, so daß ich den Speichel schlucke?
Hab' ich gefehlt?
Was tat ich dir, du Menschenwächter?
Warum stellst du mich vor dich als Zielscheibe hin?
Bin ich dir denn zur Last geworden?

Ijob 7, 17–20

Mein Gott, mein Gott, warum hast du mich verlassen?

Da antwortete der Herr dem Ijob und sprach:
Mit dem Allmächtigen will der Tadler rechten?
Der Gott anklagt, antworte drauf!
Da antwortete Ijob dem Herrn und sprach:
Siehe, ich bin zu gering. Was kann ich dir erwidern?
Ich lege meine Hand auf meinen Mund.

Ijob 40, 1–4

Leidensklage und Zuversicht (nach Psalm 31)

Herr, vor dein Angesicht flüchte ich mich.
Laß mich nicht scheitern, sondern rette mich.
Höre, wie ich zu dir rufe, und erlöse mich bald.

Du bist sicherer Fels, auf dem wir Halt finden,
du bleibst rettende Zuflucht, wo wir uns bergen dürfen.
In deine Hände lege ich mein Geschick.
Um deiner Treue willen vertraue ich deinem Geleit.

Herr, sei mir gnädig!
Mir ist nur noch die Angst geblieben
und Gram, der mein Innerstes verzehrt.
In Kummer schwindet mein Leben dahin,
in Tränen zerrinnen die Stunden,
ich bin müde geworden und matt.
Meine Freunde erschrecken über mich,
sie kennen mich kaum mehr,
ich bin wie ein zerbrochenes Gefäß.

Aber, Herr, ich vertraue dir!
Du bist da, du bist mein Gott.
In deine Hände lege ich mein Geschick.
Laß dein Angesicht leuchten über mir,
und hilf mir in deiner Güte;
laß mich nicht scheitern,
denn ich rufe zu dir.
Wie groß ist deine Güte,
die du bereit hältst für alle,
die dich fürchten und ehren!
Du erweisest sie jedem,
der sich zu dir flüchtet.

Ich dachte in meiner Angst,
du hast mich aus deiner Nähe verstoßen.
Doch du hast mein lautes Schreien gehört.
Darum will ich stark sein und unverzagt
und warten auf dein Kommen.

Johannes Riede

Nach deiner Hilfe sehnt sich meine Seele;
ich warte auf dein Wort.
Meine Augen sehnen sich nach deiner Verheißung,
sie fragen: Wann wirst du mich trösten?
Ps 119, 81 f

Gebet eines Kranken

Nie mehr werd ich dir dienen können,
wie ich es vorhatte, Herr.
Für immer werd ich ein „Geschwächter“ sein.
Selbst wenn ich diese Krankheit überstehe,
werd ich sparsam umgehn müssen mit meinen Kräften.
Und genau das wollte ich nicht, ich wollte mich vergeuden,
wollte dich lieben, ohne zu rechnen,
von früh bis nachts für meinen Nächsten dasein.
Damit ist es vorbei.
Herr, jetzt bin ich in ein Zimmer gesperrt.
Statt dir dienen zu können,
muß ich mich bedienen lassen.
Statt nicht mehr an mich zu denken,
muß ich jeden Augenblick meine Kräfte messen.
Statt meinen Verstand zu deiner Ehre zu gebrauchen,
halte ich meinen schmerzenden leeren Kopf.
Ich wollte doch allen zeigen, daß du gut bist,
aber mein Herz ist zusammengepreßt von Leiden.
Und mein Körper, der deine Liebe tragen wollte,
überallhin,
ist untätig, für wie lange?
Wenn ich für meine Brüder nicht arbeiten kann,
welchen Sinn behält mein Leben noch?
Pierre Lyonnet

Ich suche dich, aber ich finde dich nicht; ich rufe nach dir,
aber ich vernehme keine Antwort.

Rücksprache mit Ijob

Mein Freund Ijob,
ich kann dich jetzt verstehen.
Du hast die Welt
nicht mehr verstanden,
deine Freunde nicht
und Gott nicht mehr.

Du hast allerhand mitmachen müssen!
Mensch Ijob,
dich kann man nur bewundern.
Natürlich,
du warst auch fix und fertig,
aber dir blieb bei allem Leid
immer noch ein Funken Hoffnung,
und du hast an Gott festgehalten.

Mein Freund Ijob,
ich glaube,
du kannst mir helfen.

Werner Schaube

Klage eines Kranken und Einsamen (nach Psalm 88)

Du Gott meines Heiles,
bei Tag und Nacht schreit mein Herz nach dir.

Mein Gebet durchdringe dein Herz,
höre auf meine flehende Stimme.

Denn mein Innerstes ist gefüllt mit Leid,
und mein Leben ist dem Ende nahe.

All meine Kraft ist mir genommen,
es scheint, du hast mich verlassen.

Du denkst nicht mehr an mich,
deine Hand hast du mir entzogen.

Um mich ist es finstere Nacht,
ich bin gefangen und kann nicht heraus.

Tag und Nacht rufe ich zu dir,
meine Hände strecke ich nach dir aus.

Schon früh am Morgen trete ich vor dich hin,
warum verbirgst du dein Gesicht vor mir?

Gebeugt bin ich und ganz zerquält,
mein Leid und meine Sorge bringen mich noch um.

Hab Erbarmen mit mir, verlaß mich nicht,
du Gott meines Heiles.

Astrid Mertens

Warum gerade ich?

Mein Herr und mein Gott!
Viele andere Menschen in meinem Alter sind kerngesund.
Sie spielen Tennis und fahren Ski,
sie surfen, schwimmen und joggen.
Sie reisen weit fort
und sehen sich fremde Länder an.
Ich sitze daheim im Rollstuhl.
Ich bin auf andere Hände angewiesen.
Warum gerade ich?
Ich weiß keine Antwort auf meine Frage.
Und die Antworten, die mir gegeben wurden,
waren schöne Phrasen.
Gib mir die Kraft, dir noch zu vertrauen,
mein Herr und mein Gott.

Alexander Carelius

Bei rasenden Schmerzen

Beten, nein, beten kann ich so nicht. Nur schreien, in mich hineinschreien: Mach ein Ende! Oder laß ein Wunder geschehen. Wenn er nur endlich aufhört, dieser bohrende Schmerz.

Meine ganzen Zweifel am Wunderglauben werfe ich in den Wind. Du hast so viele geheilt, Jesus, Sohn Davids. Warum solltest du dich nicht auch meiner erbarmen, da ich mich krümme vor Schmerzen?

Die betäubende Spritze, kommt sie aus deiner hilfreichen Hand? Ihre Wirkung wird nicht lange anhalten. Dann fangen die Schmerzen wieder an.

Ich kann wirklich nicht anders, als mit dir schreien: „Mein Gott, warum hast du mich verlassen?“ (Mk 15, 34). Aber da bin ich schon mitten in deiner Passion. Und jetzt fragst du auch mich: „Kannst du den Kelch trinken, den ich trinke?“ (Mk 10, 38).
O Herr, daß er so bitter sein muß!

Johannes Riede

Herr Jesus Christus,
heute bin ich so ungeduldig!
Jede Kleinigkeit regt mich auf, und ich merke,
daß ich ungerecht werde zu den Schwestern.
Diese Krankheit dauert nun schon so lange,
und ich weiß nicht mehr, wo ich die Kraft hernehmen soll.
Du hast die Menschen um dich auch ertragen,

und wenn sie dir zuviel wurden,
bist du in die Einsamkeit geflohen.
Wie gerne möchte ich das jetzt auch tun.
Das Bett, das Zimmer, das ganze Haus
ist für mich wie ein Gefängnis.
Wie lange noch, Herr?
Gib mir wengistens so viel Kraft,
daß ich den heutigen Tag bestehen kann.

Astrid Mertens

Ich bin schwer krank.
Sehr schonend hat es mir heute
der Arzt nach dem soundsovielten
Besuch endlich beigebracht.
So schonend, daß man fast meinen möchte,
die mir bevorstehende Operation meiner Brust
sei ein Spaziergang,
ein Nebenbei und kaum der Rede wert.
Es hätte ja auch anders sein können:
Die Last der Unwissenheit
wäre mir auf der Seele geblieben,
und die verschleierte Diagnose
hätte man mir unterjubelt,
da es als ausgemacht gilt, daß Frauen,
zur Hysterie ja ohnehin neigend,
durch saubere Aufklärung in Panik geraten.
Also muß ich noch dankbar sein.

Ich bin schwer krank.
Je länger, je mehr sinkt wie ein Vorhang
Verzweiflung hernieder.
Also ist dieser mein Leib,
in dem so lang ich schon wohne,
fortan gewidmet dem frühen Verfall.

Also ist hier diese Brust,
bisher der Liebe und Nahrung gemeinsame Quelle,
zum Ort der Zerstörung bestimmt.
Nicht mehr zum Ort,
wo Glück und Trauer,
Sehnsucht und Sättigung
sich geschwisterlich fanden
und Frieden verstehbar machten,
zum Greifen nahe.

Ich bin schwer krank.
Und für den Mann meiner Liebe
werde ich hinfür nicht mehr
die gleiche sein, die ich einst war.
Und meine Freunde und Nachbarn
Gebärden verlegen suchend, ängstlich bemüht,
das Thema der Krankheit fortan
unerbittlich fortzuhalten aus meiner Nähe,
werden verstummen.

Ich bin schwer krank.
Vielleicht kommt der Eingriff
zu spät schon.
Vielleicht sind die Zellen
schon längst vorbestimmt,
weiterzuwuchern in gesundes Gewebe,
sich ausbreitend über den Körper hinweg.
Dann gibt es im Grunde nur eins noch: den Tod.
Sicher ist der und unverbrüchlich.
Aller Hybris des Menschenverstandes zum Trotz
und zum Hohn für die Schulmedizin.
Dann ist vielleicht
in vier Wochen schon alles vorbei,
oder ich sterbe später,
ohne die kleinste Chance
auf Rettung.

Ich bin sehr krank.
Ich habe Angst. Ich schreie um Hilfe.
Ich wimmere allein vor mich hin
und wage aus Angst in der Nacht nicht zu schlafen,
auf daß nicht der Brust
doch ein Schrei sich entringt.
Warum denn grad ich?
Warum denn grad mir?
Nimm du doch die anderen,
Uralte am Rande des Lebens,
Gesättigte oder Verbitterte – aber nicht mich!

Wie sollen die Kinder
denn auskommen ohne mich?
Wie wird mein Mann sich ohne mich trösten?
Wer führt meine Arbeit fort,
wenn matt und matter
ich fortan mich dahin schleppe?
Wen ruf ich herbei, wer hört denn mein Stöhnen,
daß alles Bemühen vergeblich gewesen?
Ich krümme am Boden
mich hin wie ein Wurm.
Ich wühle mich ein in den Schmerz
und will nimmermehr sehen
noch hören, daß es auf Erden
irgendein Gutes noch gebe.
Bald bin ich kein Mensch mehr.
Tödlich verstummt mein Mund.
Niemanden mehr bin ich zur Lust und zur Freude.
Ganz und gar unnütz
stürz ich hinunter dann in die Grube.

Wenn es dich gibt,
dann höre mein Schreien!
Und wie ein Ertrinkender
kurz vor dem Sterben
inmitten des Wassers / sich plötzlich einsfühlt
mit dem Element
ohne Begreifen, warum ihm geschieht,
was er so fürchtet:
also stimme auch ich überein,
mit geschlossenen Augen
blindlings vertrauend
einer Hand, die mich trägt.

Martha Krause

Annehmen

In trostlosen Stunden

Herr, du kennst mein Leiden. Du hörst meine stille Klage. Du weißt um mein geheimes Aufbegehren. Aber laß mich nicht bitter werden.

Alle wollen mir gut sein. Ich weiß es. Aber wer kann mir schon helfen, wenn du nicht mithilfst? So rühre sie an, und bewege ihr Herz. Laß sie dein tröstender Engel sein.

Du bist ja selber einsam gewesen wie ich. Du hast deine Armseligkeit mit mir geteilt, noch ehe ich es wußte. Soll ich nicht jetzt meine Armseligkeit mit dir teilen? Meine Verlassenheit in deine Einsamkeit „einbinden"?

Soll ich nicht aus Liebe zu dir annehmen, wogegen ich mich nicht wehren kann? Soll ich nicht versuchen, mich zu bergen im Schatten deiner Hand (Jes 49, 2)? Ich weiß, alles könnte sich dann ändern und verwandeln. Und die Freude aufbrechen darüber, daß du da bist.

Johannes Riede

Nehmen wir das Gute an von Gott,
sollen wir dann nicht auch das Böse annehmen?

Ijob 2, 10

Vater im Himmel,
ich bitte weder um Gesundheit noch um Krankheit,
weder um Leben noch um Tod,
sondern darum,
daß Du über meine Gesundheit und meine Krankheit,
über mein Leben und meinen Tod verfügst
zu Deiner Ehre und zu meinem Heil.
Du allein weißt, was mir dienlich ist.

Du allein bist der Herr,
tue, was Du willst.

Gib mir, nimm mir, aber mache meinen Willen dem Deinen gleich.

Blaise Pascal

Gebet

Herr, schicke, was du willst,
ein Liebes oder Leides;
ich bin vergnügt, daß beides
aus deinen Händen quillt.
Wollest mit Freuden
und wollest mit Leiden
mich nicht überschütten!
Doch in der Mitten
liegt holdes Bescheiden.

Eduard Mörike

Vater, wenn du willst, nimm diesen Kelch von mir! Aber nicht mein, sondern dein Wille soll geschehen.

Lk 22, 42

Mein Gott, du und du allein bist allweise und allwissend. Ich glaube, daß du weißt, was das Beste für mich ist. Ich glaube, daß du mich mehr liebst als ich mich selbst, daß du allweise bist in deiner Vorsehung und allmächtig zu deinem Schutz. Ich danke dir aus ganzem Herzen, daß du mich meiner eigenen Hut entrissen und mir befohlen hast, mich in deine Hand zu geben. Ich kann nichts Besseres wünschen, als deine Bürde zu sein und nicht meine eigene.

Herr, ich will dir folgen, wohin immer du gehst, und will dir auf deinem Wege nicht vorgreifen.
Ich will warten auf dich, auf deine Führung.
Ich will nicht ungeduldig sein, wenn du mich je einmal in Dunkelheit und Verwirrung läßt; noch will ich klagen oder mich erzürnen, wenn ich in Unglück falle oder Angst.
Amen.

John Henry Newmann

Herr, wenn du willst, kannst du mich gesund machen. So rufe ich in meiner Krankheit zu dir. Du hast die Kranken geheilt, du hast unsere Krankheiten auf dich genommen und unsere Schmerzen getragen. Durch deine Wunden sind wir geheilt.

Ich bitte dich, laß mich gesund werden, und wenn nicht, gib mir die Kraft, mein Kreuz mit dir zu tragen.

Theodor Schnitzler

Herr, du weißt, wie gerne ich noch leben und arbeiten möchte, wie sehr mich meine Frau und die Kinder noch brauchen. Aber wenn du willst, dann gib, daß mein Wille ganz in deinem Willen aufgeht. Sei mir gnädig!

Gerhard Heinrich

Das Kreuz

Du sollst, wenn ein Leiden da ist, dich nicht mit dem Ende desselben trösten, sondern du sollst dich demselben unterwerfen, solange es währt, und dabei dich zugleich auf ein kommendes vorbereiten.

Heinrich Suso

Mein Gott, ich kenne deine Gedanken nicht.
Ich war gesund und habe mich auf meine Kraft verlassen.
Nun liege ich da und weiß nicht, wozu ich krank bin.
Ich halte mich daran fest, daß es dein Wille ist.
Gib mir Augen für alle, die mit mir leiden.
Als ich gesund war, habe ich nicht an die Kranken gedacht,
jetzt, da ich selbst krank bin,
wünsche ich mir, daß viele an mich denken.
Vor allem aber: – Denk du an mich,
höre meine Stimme, und hilf mir,
denn ich habe Angst.
Heile du mich, Herr, an Leib und Seele,
und laß mich wieder gesund werden,
damit ich noch einmal anfangen kann,
mein Leben mit neuen Augen zu sehen.
Ich lege mich in deine Hände.
Ich möchte dich finden, dir danken
und dich preisen heute und jeden Tag meines Lebens.

Astrid Mertens

Herr, ich habe dich um Kraft gebeten, um Erfolg zu haben;
– du hast mich schwach werden lassen, damit ich gehorchen lerne.
Ich habe dich um Gesundheit gebeten, um große Dinge zu tun;
– ich habe die Krankheit erhalten, um Besseres zu tun.
Ich habe dich um Reichtum gebeten, um glücklich zu sein;
– ich habe die Armut erhalten, um weise zu sein.
Ich habe dich um Macht gebeten, um von den Menschen geschätzt zu werden;
– ich habe die Ohnmacht erhalten, um Verlangen nach dir zu verspüren.
Ich habe dich um Freundschaft gebeten, um nicht allein leben zu müssen.
– du hast mir ein Herz gegeben, um alle meine Brüder zu lieben . . .
Ich habe nichts gehabt von dem, was ich erbeten hatte;
– ich habe alles gehabt, was ich erhofft hatte.
Fast gegen meinen Willen sind meine ungesagten Gebete erhört worden;
– ich bin der am meisten beschenkte Mensch.

Auf einer Bronzetafel eines Spitales in New York

Gebet eines Patienten

Herr, nimm mich an deine Hand, und gehe mit mir den Weg, den du für mich bestimmt hast, gerade jetzt in meiner Krankheit.

Ich will nichts tun, was deinem Willen widerspricht. Ich danke dir für die Liebe und Geduld, mit der du mich führst.

Vater im Himmel, es will mir noch nicht gelingen, diese Krankheit anzunehmen. Ungeduldig warte ich darauf, wieder gesund zu werden. Hilf mir, daß ich zur Ruhe komme und erkenne, daß du es so willst. Vielleicht ist diese Zeit ganz heilsam für mich. Ich kann mich wieder auf dich besinnen und fragen, was du mit mir vorhast. Zeig mir, was ich in meinem Leben ändern, was ich geduldiger und liebevoller tragen soll. Zeig mir auch den Unfrieden meines eigenen Herzens und hilf mir, ihn zu überwinden. Gib mir deinen Frieden. Laß mich wieder Hoffnung haben und durch meine Hoffnung anderen Mut machen.

Vater, es fällt mir schwer zu sagen: „Dein Wille geschehe." Ich bin niedergeschlagen und habe keinen Mut mehr. Die Schmerzen sind unerträglich.

Alles, was mein Leben ausgemacht hat, scheint mir weit weg: die Menschen, die zu mir gehören, meine Arbeit, meine Freuden, mein ganzes alltägliches Tun.

Auch wenn ich mutlos bin, Herr, ich will versuchen, ja zu sagen zudem, was ist: zu meinen Schmerzen, zu meiner Schwäche, zu meiner Hilflosigkeit. Ich will alles ertragen, so gut es geht.

Laß mein Leiden nicht umsonst sein. Vielleicht nützt es denen, die für dich arbeiten und kämpfen. Dein Wille geschehe. Dein Sohn hat am Kreuz gezeigt, daß Leiden nicht umsonst ist. Ich danke dir, daß ich das weiß. Segne mich, Vater. Segne alle Menschen, die mir Gutes tun und mir helfen. Segne alle, die wie ich leiden müssen. Und wenn du willst, laß mich und die anderen gesund werden.

Herr, ich bejahe deinen Willen.
Ich möchte ihn bejahen.
Hilf mir. Ich kann es nicht allein.

Ich bin stumm und stumpf in mir selbst.
Ich fange nicht einmal damit etwas an,
daß ich zu dir spreche.

Ich weiß, daß du mich hörst,
und ich weiß dennoch nicht, warum ich sprechen soll.

Ich weiß, daß du mich führst,
und weiß dennoch keinen Weg.

Ich weiß, daß du mir mein Geschick zuteilst,
und kann es dennoch nicht annehmen.

Ich weiß, daß du meine Seele hebst und trägst,
und versinke dennoch in meinen schweren Gedanken.

Ich weiß, daß mein Wille und der deine eins sind,
und werde dennoch meine Angst nicht los.

Ich weiß, daß du mir Freiheit zugedacht hast,
und lebe doch im Kerker.

Ich weiß, daß dein Zeitplan anders ist als der meine,
und habe dennoch keine Geduld.

Es ist leer in mir. Ich wiederhole die Worte,
die ich früher einmal verstanden hatte.
Sprich du wieder zu mir, daß ich dich höre.
Ich habe dein Zeichen vor mir, dein Kreuz.
Ich weiß, daß ich dir am nächsten bin,
wenn ich mich ängste.
Ich weiß, daß du mich hältst, auch wenn ich falle.

Nein, Herr, ich weiß es nicht. Ich glaube es.
Ich möchte es glauben.
Trotz allem. Hilf mir.

Jörg Zink

Mein Gott, ich vermag deine Gedanken nicht zu ergründen und verstehe den Weg nicht, den du mich führst. Laß mich nicht müde werden und nicht an deiner Liebe zweifeln. Schenke mir Geduld und Ergebung in deinen göttlichen Willen. Stärke in mir die Gewißheit, daß du mir keine Last auflegst, ohne daß du sie mir tragen hilfst. Bewahre mein Herz vor Bitterkeit. Vor dir ist kein Leben sinnlos, du segnest auch ein Leben, das scheinbar wertlos ist. Gib, daß auch ich deinen Segen erkenne und erfahre. Laß mich dein Angesicht schauen hier in der Zeit und einst in Ewigkeit. Amen.

Heinrich Kirchner

Gebet eines Kranken

Herr Jesus, du hast gesagt, wer mir nachfolgen will, nehme sein Kreuz auf sich. Ich will mich einreihen in die Schar derer, die um deine Hilfe bitten, und dabei deine Worte überdenken.

Du hast mir geholfen auf einem Weg, den ich für aussichtslos hielt. Du legtest mir soviel Last auf meine Schultern, wie ich tragen konnte; doch Menschen scheint auch dies schon unerträglich.

Ich bitte dich, Herr, verzeih mir, denn deine Wege sind nicht unsere Wege, und deine Gedanken sind nicht unsere Gedanken.

Nachsinnen

Unsere Aufgabe

Die Tiefen Gottes willst du finden,
bis zur Vollkommenheit des Allmächtigen vordringen?
Höher als der Himmel ist sie, was machst du da?
Tiefer als die Unterwelt, was kannst du wissen?
Länger als die Erde ist ihr Maß,
breiter ist sie als das Meer.

Wenn du selbst dein Herz in Ordnung bringst
und deine Hände zu ihm ausbreitest –
wenn Unrecht klebt an deiner Hand, entfern es,
und laß nicht Schlechtigkeit in deinem Zelte wohnen! –,
dann kannst du makellos deine Augen erheben,
fest stehst du da und brauchst dich nicht zu fürchten.

Dann wirst du auch das Ungemach vergessen,
du denkst daran wie an Wasser, das verlief.
Heller als der Mittag erhebt sich dann dein Leben,
die Dunkelheit wird wie der Morgen sein.
Du fühlst dich sicher, weil noch Hoffnung ist;
geborgen bist du, du kannst in Ruhe schlafen.

Ijob 11, 7–9.13–18

Der Mensch vor Gott

Herr, du hast mich erforscht, und du kennst mich.
Ob ich sitze oder stehe, du weißt von mir.
Von fern erkennst du meine Gedanken.
Ob ich gehe oder ruhe, es ist dir bekannt;
du bist vertraut mit all meinen Wegen.
Noch liegt mir das Wort nicht auf der Zunge –
du, Herr, kennst es bereits.
Du umschließt mich von allen Seiten
und legst deine Hand auf mich.

Zu wunderbar ist für mich dieses Wissen,
zu hoch, ich kann es nicht begreifen.
Wohin könnte ich fliehen vor deinem Geist,
wohin mich vor deinem Angesicht flüchten?
Steige ich hinauf in den Himmel, so bist du dort;
bette ich mich in der Unterwelt, bist du zugegen.
Nehme ich die Flügel des Morgenrots
und lasse mich nieder am äußersten Meer,
auch dort wird deine Hand mich ergreifen
und deine Rechte mich fassen.

Erforsche mich, Gott, und erkenne mein Herz,
prüfe mich, und erkenne mein Denken!
Sieh her, ob ich auf dem Weg bin, der dich kränkt,
und leite mich auf dem altbewährten Weg!

Ps 139, 1–10.23 f

Gott ist größer als der Mensch.
Weshalb hast du mit ihm gehadert,
weil er all deinen Worten nicht erwidert?

Ijob 33, 12 f

Wortqualen

OP
Visite
Besuchszeit
Nachbehandlung
Labor
Schmerz
Angst

Das sind die Wörter,
die man hört,
die man fühlt.

Neue Vokabeln.
Besorgniserregend,
fremd,
quälend.

Guter Gott,
gib mir Nachhilfe
gegen alle Angst.

Für dich gibt
es keine Besuchszeiten,
denn du bist da,
bei mir.

Werner Schaube

Herr, was ist der Mensch,
daß du dich um ihn kümmerst,
des Menschen Kind, daß du es beachtest?
Der Mensch gleicht einem Hauch,
seine Tage sind wie ein flüchtiger Schatten.

Herr, neig deinen Himmel, und steig herab.
Streck deine Hände aus der Höhe herab,
und befreie mich.

Ps 144, 3–5.7

Den Tag über

O Gott, wieviel Zeit auf einmal, wenn man so daliegt! Zeit zum Nachdenken. Zeit auch zum Grübeln. Aber verwundert erfahre ich: Ich lerne dabei.

Ich hatte längst vergessen, daß Gesundheit ein Geschenk ist. Daß Lebendürfen Gnade heißt. Es war alles so selbstverständlich. Ich habe dein verborgenes Wirken im Gang der Dinge kaum beachtet. Aber jetzt fange ich an, es wieder zu entdecken. Wenn ich um deine Nähe nicht wüßte! Sie vermag alles zu verwandeln.

Wenn die Schmerzen kommen, was kann mich dann noch halten als der Gedanke an die bittere Passion deines Sohnes, meines Herrn Jesus Christus. Was kann mir da noch helfen als die Bereitschaft, mit meinen eigenen Leiden „zu ergänzen, was an den Leiden Christi noch fehlt" (Kol 1, 24). Was kann mich da noch trösten als der Blick auf Ostern, das auf jeden Karfreitag folgt und alles gut macht.

Groß ist die Versuchung, daß ich nur um mich kreise. Ich weiß, damit wird nichts besser. Ich weiß auch, wenn ich auf dich sehe, wenn ich mit dir umgehe, wird alles leichter.

So will ich nicht grübeln. Sondern dein Kreuz bedenken und auf den Ostermorgen warten. Wenn du mich aber wieder gesund werden läßt, dann will ich versuchen, anders zu leben. Dir deine Gemeinschaft in diesen schlimmen Tagen mit bleibender Treue danken. Amen.

Johannes Riede

Du hast uns für dich erschaffen, o Gott,
und unruhig ist unser Herz, bis es ruht in dir!

Aurelius Augustinus

Besinnung

O Gott, wohin hast du mich geführt?

Ich habe den Lärm gesucht und bin nicht von ihm losgekommen. Wie betäubt bin ich durch meine Tage getaumelt. War es aus Angst, dir zu begegnen? Dich zu vernehmen? Mein Geschwätz ließ dich nicht zu Wort kommen. Es hat dein Rufen und Locken übertönt.

Jetzt ist alles so still geworden. Fast unheimlich still. Hast du mich in solches Schweigen geführt, um dir zu begegnen? Soll ich in der Mitte des Taifuns, wo es absolut still ist, an dich erinnert werden? Soll ich darauf aufmerksam gemacht werden, was ich fast vergessen habe:

Daß du mir deine Hand entgegenstreckst, daß ich dir die meine nur hinhalten muß, daß du mich anblickst, voll Liebe und Erwartung, auch wenn ich diesen Blick wie Prüfung und Gericht erfahre?

O Gott, wohin führst du mich?

Ich ahne: Den Fernen holst du in deine Nähe, den Nahen noch näher zu dir. Und ich weiß, darin kann ich mich geborgen fühlen. Deshalb kann ich zuversichtlich sein. Nur manchmal frage ich mich: Warum hat es gerade so sein müssen? Aber du weißt alles, und das ist gut.

Johannes Riede

Loben – danken

Der Herr ist gnädig und barmherzig,
langmütig und reich an Gnade.
Der Herr ist gütig zu allen,
sein Erbarmen waltet über all seinen Werken.
Danken sollen dir, Herr, all deine Werke
und deine Frommen dich preisen.

Der Herr stützt alle, die fallen,
und richtet alle Gebeugten auf.
Aller Augen warten auf dich,
und du gibst ihnen Speise zur rechten Zeit.
Du öffnest deine Hand
und sättigst alles, was lebt, nach deinem Gefallen.

Gerecht ist der Herr in allem, was er tut,
voll Huld in all seinen Werken.
Der Herr ist allen, die ihn anrufen, nahe,
allen, die zu ihm aufrichtig rufen.
Die Wünsche derer, die ihn fürchten, erfüllt er,
er hört ihr Schreien und rettet sie.
Alle, die ihn lieben, behütet der Herr . . .

Mein Mund verkünde das Lob des Herrn.
Alles, was lebt, preise seinen heiligen Namen
immer und ewig!

Ps 145, 8–10.14–21

Danke

Herr, ich bitte dich für alle,
die mir in meiner Krankheit beistehen:
für die Ärzte, die mich versorgen,
für die Schwestern, die mich betten,
die mir das Essen bringen und mir Mut machen,
die mir Blut abnehmen und mich an den Tropf hängen.

Herr, ich bitte dich für alle,
die mit mir Geduld haben:
die Besucher, die mich anhören,
die Patienten rechts und links von mir
und für die Nachtschwester insbesondere.

Ich danke dir für alle diese Menschen.
Und für die Blumen und das Selterswasser.

Edmund Johannes Lutz

Lachen ist die beste Medizin

Lieber Gott und Herr!
Setze dem Überfluß Grenzen,
und laß die Grenzen überflüssig werden.
Nimm den Ehefrauen das letzte Wort,
und erinnere die Ehemänner an ihr erstes.
Gib den Regierenden ein besseres Deutsch
und den Deutschen eine bessere Regierung.
Schenke uns und unseren Freunden mehr Wahrheit
und der Wahrheit mehr Freunde.
Bessere solche Beamte, die wohl tätig,
aber nicht wohltätig sind,
und laß die, die rechtschaffen sind, auch recht schaffen.
Sorge dafür, daß wir alle in den Himmel kommen,
aber, wenn du es willst, noch nicht gleich.

Gebet eines Pfarrers, aus der Bergischen Volkszeitung von 1864

Gepriesen sei der Herr, Tag für Tag!
Gott trägt uns, er ist unsre Hilfe.

Ps 68, 20

Gebet um Humor

Schenke mir eine gute Verdauung, Herr,
und auch etwas zum Verdauen.

Schenke mir Gesundheit des Leibes, mit
dem nötigen Sinn dafür, ihn möglichst
gut zu erhalten.

Schenke mir eine heilige Seele, Herr,
die das im Auge behält, was gut ist und
rein, damit sie im Anblick der Sünde
nicht erschrecke, sondern das Mittel
finde, die Dinge wieder in Ordnung zu
bringen.

Schenke mir eine Seele, der die Langeweile
fremd ist, die kein Murren kennt
und kein Seufzen und Klagen, und laß
nicht zu, daß ich mir allzu viele Sorgen
mache um dieses sich breitmachende Etwas,
das sich „Ich" nennt.

Herr, schenke mir Sinn für Humor. Gib
mir die Gnade, einen Scherz zu verstehen,
damit ich ein wenig Glück kenne im Leben –
und anderen davon mitteile. Amen.

Dankgebet nach der Kommunion im Krankenzimmer

Allmächtiger Gott und Vater,
du hast uns mit dem Brot des Lebens gestärkt.
Erfülle uns mit dem Geist deiner Liebe.
Laß uns durch den Empfang deines heiligen Leibes
(und Blutes) immer tiefer erfahren,
daß wir zu dir gehören.

Bewahre uns in deinem Namen, und schenke uns
täglich neu deine verzeihende Barmherzigkeit
und Liebe.
Gib uns allen die Kraft, einander in unseren
Schwächen anzunehmen und zu ertragen.
Lenke unseren Weg auch dann,
wenn wir dein Antlitz nicht sehen und
deinen Arm nicht spüren.
In dir, guter Vater, sind wir geborgen,
heute und alle Tage unseres Lebens, bis du uns in
deine ewige Herrlichkeit rufst.
Das erbitten wir durch Christus, unseren Herrn.

Wolfgang Vogel

Dein Antlitz, Herr, leuchtet mir zu,
auch wenn ich dich nicht sehen kann.
Deine Liebe bejaht mich,
obwohl ich oft lau bin und nicht lieben kann.
Wende dich mir zu, damit ich mich dir zuwenden kann.
Mitten im Leid will ich dich preisen und bitten –
in der Gemeinschaft mit allen, die auch Schmerzen
haben.
Deine Nähe heilt jede Verlassenheit,
dein Erbarmen überwindet jede Not.
Daran will ich glauben, Herr, und ja sagen zu deinem
Willen.

Astrid Mertens

Dankgebet

Danke, Herr! Danke!
Dank für alles Gute, was ich gesehen, gehört und empfangen habe.
Dank für das Wasser, das mich wieder neu belebt hat.
Dank für den Morgengruß der Pflegenden – für alle Mühe der Ärzte.
Dank für die Kraft, die du mir schenkst, um die Schmerzen und
Unannehmlichkeiten zu ertragen.
Dank für jeden „Guten Tag", den mir einer gewünscht hat – für jedes Lächeln, das mir geschenkt wurde.
Dank für den Blumenstrauß, das kleine Meisterstück auf meinem Tisch.
Dank für Sauberkeit und Pünktlichkeit in Pflege und Beköstigung.
Dank für jede Ermutigung, die mir durch Gespräche oder Lektüre geboten wurde.
Dank für jedes kleine Zeichen des Gedenkens durch Post oder Fürbitte.
Dank vor allem, Herr, für dein Wort, das mich tröstet, mahnt, prüft und zur Besinnung führen will.
Dank, daß du mich hörst – daß du mich ernst nimmst.
Danke, Herr! Danke!

Heinrich Kirchner

Freut euch zu jeder Zeit!
Betet ohne Unterlaß!
Dankt für alles; denn das will Gott von euch,
die ihr Christus Jesus gehört.

1 Thess 5, 16–18

Ewiger Gott,
ich danke dir, weil ich lebe heute und morgen,
so wie ich gestern und alle Tage
gelebt habe aus deiner Gnade.
Ich lebe auf dieser Erde,
in diesem Zimmer, auf dieser Station,
zusammen mit den anderen Kranken,
den Ärzten und Schwestern, die sich sehr um mich bemühen.
Ich danke dir, weil ich lebe,
hier und jetzt,
mühsam und doch voll Freude.
Keine Krankheit und kein Leid
kann mich trennen von Jesus Christus,
der deine Barmherzigkeit ist
für alle Menschen und die ganze Welt.

Astrid Mertens

Herr Jesus Christus, du hast mich ins Leben gerufen. Du hast mich geführt und geleitet bis auf diesen Tag. Es gab in meinem Leben Augenblicke, in denen du mir ganz nahe warst. Es gab Zeiten, da hatte ich dich aus den Augen verloren. Immer dann, wenn ich nicht wußte, wie es weitergehen sollte, rief ich um Hilfe. Niemals hast du deine schützende Hand von mir zurückgezogen. Jetzt, wo ich durch meine Krankheit Zeit habe und ein wenig zurückschaue, weiß ich noch besser, daß du es warst, der mich führte.
Ich danke dir, Herr, für alles, was du mir schenktest. Begleite mich weiter auf meinem Lebensweg in frohen und schweren Stunden, bis du mich einmal vor dein Angesicht rufst.

Wolfgang Vogel

Trauen – vertrauen

Herr, Gott, großes Elend ist über mich gekommen. Meine Sorgen wollen mich erdrücken. Ich weiß nicht ein noch aus. Gott, sei mir gnädig und hilf! Gib Kraft zu tragen, was du mir schickst. Laß die Furcht nicht über mich herrschen; sorge du väterlich für die Meinen.

Barmherziger Gott, vergib mir alles, was ich an dir und den Menschen gesündigt habe. Ich traue deiner Gnade und gebe mein Leben ganz in deine Hand. Mach du mit mir, wie es dir gefällt und wie es gut für mich ist. Ob ich lebe oder sterbe, ich bin bei dir, und du bist bei mir, mein Gott. Herr, ich warte auf dein Heil und auf dein Reich.

Dietrich Bonhoeffer

Das geknickte Rohr wird er nicht zerbrechen,
und den glimmenden Docht wird er nicht auslöschen.

Jes 42, 3

Besinnung

Die Tage, die Wochen vergehen. Ach Herr, wie lange! Du überschaust die Welt, die Zeiten, alle Völker und Menschen.
Du kennst auch mein Leben, weißt Ziel und Ende. Laß mich bitte teilhaben an deiner Geduld. Gib mir ein wenig von deinem langen Atem. Laß mich erkennen, was du mit mir vorhast, was du von mir willst. Dein guter, gnädiger Wille geschehe!

Es ist alles so verworren. Der Arzt hat seine feste Meinung über mich und die Krankheit. Meine Besucher geben Ratschläge. Von den Nachbarn weiß es jeder besser. Die eigenen Gedanken gehen hin und her.

Mein Gott, ich komme zu dir. Du weißt es nicht nur besser. Du hast das Beste mit mir vor – selbst wenn ich sterben muß. Bei dir ist der Friede. Du weißt den Weg für mich. Laß mich dir ganz vertrauen.

Warum muß ich so krank sein?
Immer wieder bohrt diese Frage in mir: Warum? Warum ist es nötig? Du wirst es mir verzeihen, daß ich davon nicht loskomme. Denn du selbst hast in Jesus geschrieen: Warum so verlassen, mein Gott? Ich weiß, dein Wille kennt kein Warum. Auch dein Sohn bekam keine Antwort. Aber das feste Vertrauen, daß dein Wille gut ist, das schenke auch mir, bitte. Und wirst du im Himmelreich uns sagen, was du dir dabei gedacht hast? Darauf will ich mich freuen und will jetzt stille sein vor dir.

Bin ich unheilbar? Niemand gibt eine klare Antwort. Kann sie überhaupt jemand geben? Du allein, mein Gott, weißt alle Dinge. Wenn du mich gesund machen willst, wirst du Mittel und Wege finden.

Wenn mein Leben zu Ende geht, mache mich bereit! Nimm bitte die Unruhe von mir und die Angst vor dem

Wort „unheilbar". Du bist das Heil in Zeit und Ewigkeit. Auch für mich.

Mein Nachbar stöhnt vor Schmerzen. Ich kann es schwer ertragen. Herr, ich leide. Ich leide mit. Da ist auch der heimliche Vorwurf: Kann er sich nicht zusammenneh-men? Das Mißtrauen: Ist es wirklich so schlimm? Die eigene Angst: Schadet es nicht meiner Gesundheit? Siehst du, wie ich leide? Ja, du siehst es, Herr. Denn du hast mitgelitten Leid, Sünde, Tod der ganzen Welt. Herr, gib Kraft zum Mitleiden. Und gib ihm Linderung – bitte.

Was für wunderbare Wege, mein Gott!
Ich habe gemeint, es ginge zu Ende.
Der Schmerz machte mich fertig. Und nun bin ich wie neu geboren.
War es der Arzt? Das Medikament? Meine gesunde Natur?
Du warst es, mein Gott. Du warst, unsichtbar und doch wirksam, in allem Menschlichen mit dabei.

Dir will ich vertrauen und dir danken.

Lothar Rudnick

Die Huld des Herrn ist nicht erschöpft,
sein Erbarmen ist nicht zu Ende.
Neu ist es an jedem Morgen;
groß ist deine Treue.
Mein Anteil ist der Herr, sagt meine Seele,
darum harre ich auf ihn.
Gut ist der Herr zu dem, der auf ihn hofft,
zur Seele, die ihn sucht.
Gut ist es, schweigend zu harren
auf die Hilfe des Herrn.

Klgl 3, 22–26

Gebet des Vertrauens

Ich weihe mich Gott:
Gottes wachendem Auge,
Gottes lauschendem Ohr,
Gottes schützenden Händen,
Gottes lenkender Weisheit,
Gottes offenen Wegen,
Gottes bergendem Schild,
Gottes rettender Engelschar.

Hl. Patrick

Werft all eure Sorge auf ihn,
denn er kümmert sich um euch.

1 Petr 5, 7

Gottes Trost für Zion

Doch Zion sagt: Der Herr hat mich verlassen,
Gott hat mich vergessen.
Kann denn eine Frau ihr Kindlein vergessen,
eine Mutter ihren leiblichen Sohn?
Und selbst wenn sie ihn vergessen würde:
Ich vergesse dich nicht.
Sieh her: Ich habe dich eingezeichnet
in meine Hände.

Jes 49, 14–16

Gehe ich auch mitten durch große Not:
Du erhältst mich am Leben.

Ps 138, 7

Der Gottesknecht

Er hat unsere Krankheit getragen
und unsere Schmerzen auf sich geladen.
Wir meinten, er sei von Gott geschlagen,
von ihm getroffen und gebeugt.
Doch er wurde durchbohrt wegen unserer Verbrechen,
wegen unserer Sünden zermalmt.
Zu unserem Heil lag die Strafe auf ihm,
durch seine Wunden sind wir geheilt.

Jes 53, 4 f; vgl. Mt 8, 17; 1 Petr 2, 24 f

Was gäb es doch auf Erden,
wer hielt den Jammer aus,
wer möcht geboren werden,
hieltst Du nicht droben Haus!

Du bist's, der, was wir bauen,
mild über uns zerbricht,
daß wir den Himmel schauen,
darum so klag ich nicht.

Joseph von Eichendorff

Wirf deine Sorge auf den Herrn, er hält dich aufrecht!
Er läßt den Gerechten niemals wanken.

Ps 55, 23

Betet der Mensch zu Gott, so ist er ihm gnädig,
er darf sein Angesicht schauen in festlichem Jubel.

Ijob 33, 26

Vertrauen

Sicher sein,
daß alles gut wird.

Sicher sein,
daß jemand da ist.

Sicher sein,
daß immer Hilfe kommt.

Sicher sein
der Nähe Gottes
und die Hand eines Menschen
ergreifen.

Werner Schaube

Wer nur den lieben Gott läßt walten
und hoffet auf ihn alle Zeit,
den wird er wunderbar erhalten
in aller Not und Traurigkeit.
Wer Gott, dem Alterhöchsten, traut,
der hat auf keinen Sand gebaut.

Was helfen uns die schweren Sorgen,
was hilft uns unser Weh und Ach?
Was hilft es, wenn wir alle Morgen
beseufzen unser Ungemach?
Wir machen unser Kreuz und Leid
nur größer durch die Traurigkeit.

Sing, bet und geh auf Gottes Wegen,
verricht das Deine nur getreu
und trau des Himmels reichem Segen,
so wird er bei dir werden neu.
Denn welcher seine Zuversicht
auf Gott setzt, den verläßt er nicht.

Georg Neumark

Herr, mein Gott, du hast mich oftmals deine Güte und Freundlichkeit erfahren lassen. Deine Barmherzigkeit hat mich auch auf Wegen begleitet, die ich nicht gerne und freudig gegangen bin. Deine Augen sehen auch jetzt nach mir, wo ich schwach und krank geworden bin. Ich danke dir, daß ich deiner göttlichen Nähe allezeit gewiß sein darf. Bewahre mein Herz vor allem Kleinglauben, rüste mich aus mit Geduld. Richte mich auf, wenn ich verzage, tröste mich, wenn ich traurig bin. Segne alle menschlichen Bemühungen um die Heilung meines Leidens. Dir befehle ich meinen Leib und meine Seele. Sei auch mit meinen Lieben daheim, die sich um meinetwillen sorgen. Laß uns auch in der Zeit unserer Trennung im Glauben an deinen Beistand und Segen verbunden sein. Herr, ich glaube, hilf meinem Unglauben. Amen.

Heinrich Kirchner

Gebet

Mein Vater, der mich nährt und schützt,
ich weiß so wenig, was mir nützt,
daß ich fast nichts zu bitten wage.
Ich halte mich
allein an dich,
du Herr und Lenker meiner Tage.
Nur diese Wahrheit seh' ich ein,
gib mir die Kraft, stets gut zu sein,
so bin ich überall geborgen.
Das andre kommt,
so wie mir's frommt,
dafür wirst du, mein Vater, sorgen.

Johann Gottfried Seume

Von guten Mächten wunderbar geborgen,
erwarten wir getrost, was kommen mag.
Gott ist mit uns am Abend und am Morgen
und ganz gewiß an jedem neuen Tag.

Dietrich Bonhoeffer

Herr, du wirst nicht zulassen, daß ich über meine Kraft versucht werde.

Herr, ich kann alles, wenn du mich stärkst.

Herr, ich bin nicht würdig, daß du eingehst unter mein Dach. Aber sprich nur ein Wort, so wird dein Knecht gesund.

Für andere beten

Natürlich sollen auch die Gesunden beten; aber Euer Gebet hat ein besonderes Gewicht. Ströme des Segens könnt Ihr vom Himmel herabrufen und hinaussenden in Euren Bekanntenkreis, in Euer Vaterland und zu allen Menschen, die der Hilfe Gottes bedürfen. Der Mensch kann hier auf Erden Gott nicht wahrhaftiger loben und anbeten als mit einem Herzen, das auch im Leiden an seine Weisheit und Liebe glaubt. Ein geduldig ertragendes Leid wird selbst gewissermaßen zum Gebet und zum reichen Quell der Gnade. Ich möchte Euch deshalb alle bitten: Macht Eure Zimmer zu Kapellen, schaut auf das Bildnis des Gekreuzigten, und betet für uns, opfert für uns!

Johannes Paul II. vor kranken Menschen in Wien am 11. 9. 1983

Herr, wir bitten dich für die Kranken und Sterbenden, an die niemand denkt. Sei du ihnen nahe und begleite sie mit deiner Liebe in ihrer Einsamkeit.

Wolfgang Vogel

Gebet eines Kranken

Herr, hilf allen, die in unserem Hause krank sind . Viele von ihnen sind herausgerissen aus ihrer Familie und ihrem Beruf.

Gib ihnen die Kraft, daß sie ihre Hoffnung auf dich setzen, den Mut nicht sinken lassen und sich getragen wissen durch die liebende Zuwendung aller, die für ihre baldige Genesung Sorge tragen.

Vater im Himmel, ich weiß, wir sind oft ungeduldig und übersehen die kleinen Zufälle, die du uns sendest. Laß uns mehr Vertrauen haben.

Mein Herr und mein Gott. Ich bin krank und von meiner Familie getrennt. Ich kann ihr nicht mehr helfen, sondern brauche selber Hilfe. Ich kann nichts anderes für sie tun, als für sie beten und opfern. Aber vielleicht ist es gerade das, was meine Familie am meisten braucht, das Gebet und Deine Gnade. Nimm die Meinen unter Deinen Schutz und laß mich bald gesund wieder zu ihnen zurückkehren.

Herr, nicht mein,
sondern Dein Wille geschehe.

Gebet einer Mutter nach der Geburt

Lieber Gott, laß unser neugeborenes Baby ein fröhliches und gesundes Kind werdcn, das dich lieben lernt. Beschütze unsere ganze Familie vor allem Übel.

Gebet eines Patienten

Guter Gott, wir danken dir, daß es Menschen gibt, die die schwere Aufgabe der Krankenpflege zu ihrem Beruf gemacht haben.
Wir bitten dich, gib ihnen die Kraft und die Liebe, die dieser Beruf erfordert, damit sie den Menschen dienen, wie es dein Sohn Jesus Christus hier auf Erden gemacht hat.

Gebete zur Mutter des Herrn

Gegrüßet seist du, Maria, voll der Gnade, der Herr ist mit dir. Du bist gebenedeit unter den Frauen und gebenedeit ist die Frucht deines Leibes, Jesus.
Heilige Maria, Mutter Gottes, bitte für uns Sünder, jetzt und in der Stunde unseres Todes. Amen.

Herr, mit Maria und Johannes
steh ich unter deinem Kreuz.
Wie sie darf ich
Leid und Krankheit mit dir teilen.
Wie sie spüre ich,
wie schwer unser Todeslos ist.

Sprich auch zu mir:
Dies ist deine Mutter!
Damit ich in Maria eine Begleiterin finde
hin zu dir.

Heilige Maria, Mutter Gottes,
bitte für uns Sünder
jetzt und in der Stunde unseres Todes.

Marianische Fürbitt-Rufe

Guter und treuer Gott,
du hast Maria zur Mutter deines Sohnes erwählt.
Laß uns unter ihrem Schutz geborgen sein.
Wir bitten dich, erhöre uns.

Du hast Maria allen Menschen zur Mutter gegeben.
Gib auf ihre Fürsprache hin den Kranken Heilung und Zuversicht.
Wir bitten dich, erhöre uns.

Du hast Maria unter dem Kreuz gestärkt und sie durch die Auferstehung Jesu mit Freude erfüllt.
Komm allen Leidenden zu Hilfe und gib ihnen Hoffnung.
Wir bitten dich, erhöre uns.

Herr, unser Gott! Im Vertrauen auf die Fürsprache Unserer Lieben Frau bitten wir dich: Schenke den Kranken Gesundheit an Leib und Seele.
Nimm von ihnen die Traurigkeit und führe sie einst zum unverlierbaren Leben.
Darum bitten wir durch Christus, unseren Herrn. Amen.

Edmund Johannes Lutz

Gebet einer jungen Mutter

Liebe Gottesmutter,
wir danken dir, daß du uns eine gesunde Tochter geschenkt hast.
Beschütze uns auch weiterhin unter deinem großen Mantel der Zuversicht.
Laß unsere ganze Familie täglich deinen mütterlichen Segen erfahren.

Zur Mutter Gottes

Heilige Jungfrau, Mutter Gottes, zu dir nehme ich meine Zuflucht. Dich preisen wir als „die Jungfrau, die mächtig ist zu helfen“, dich nennen wir „das Heil der Kranken“ und den „Trost der Betrübten“.

Du Mutter unseres Herrn, der durch dich unser Bruder geworden ist, du bist ja auch unsere Mutter. Du Mutter aller Bedrückten, du schmerzhafte Mutter, du Schwester aller, die unter dem Kreuze stehen, sieh meine Not, meine Angst und Traurigkeit und hilf.

Du kennst das Leiden des Geschöpfes und menschlichen Schmerz: die Drangsal auf der Flucht, das ängstliche Suchen nach dem verlorenen Kind, das Mit-Leiden mit deinem kreuztragenden Sohn, die Qual über seinem Sterben. Du verstehst, wie es um mich steht.

Treue Magd des Herrn, die das Schwert des Schmerzes durchbohrte, bitte für mich und für alle Kranken und Leidenden. Bitte bei deinem Sohn, daß er mich befreie von aller Niedergeschlagenheit und Mutlosigkeit; daß er nicht zulasse, wie ich über meine Kraft versucht werde, sondern mir helfe, den Willen des Vaters anzunehmen und treu zu erfüllen.

„Mutter, auf dich hoff und baue ich,
Mutter, zu dir ruf und seufze ich:
Mutter, du Gütigste, steh mir bei,
Mutter, du Mächtigste, Schutz mir leih!
O Mutter, so komm, hilf beten mir,
o Mutter, so komm, hilf streiten mir,
o Mutter, so komm, hilf leiden mir,
o Mutter, so komm, und bleib bei mir.“

Johannes Riede

Morgengebete

Herr, wieder beginnt ein neuer Tag.
Alles, was er mir bringen mag, lege ich in deine Hände.
Meine Sorgen um meine Gesundheit,
meine Schmerzen und Leiden.
Gib mir Geduld mit mir selbst;
auch mit den Ärzten und Schwestern laß mich Geduld haben, so wie sie mit mir Geduld haben müssen.
Segne alle, die jetzt arbeiten gehen,
und alle, die meine Arbeit mittun,
solange ich krank bin.
Sei du mit uns allen
und laß unser Leben heute ein Lobpreis sein
auf deine Güte, die so unendlich groß ist,
daß wir jeden Tag davon leben können.

Astrid Mertens

Ein Neuer Tag beginnt, äußerlich wie jeder andere und doch angefüllt mit Plänen, Wünschen und voller Hoffnung. Wieviel davon in Erfüllung geht, wissen wir erst am Abend. Allein auf uns gestellt, vermögen wir wenig; mit Gott aber vermögen wir viel. Darum stellen wir unser Morgenlob unter das Wort:

„Herr, ohne dich können wir nichts tun!"

Im Namen des Vaters und des Sohnes und des Hl. Geistes. Amen.

Lasset uns beten!
Herr, zu dir erwache ich in dieser Morgenstunde. Ich weiß zwar nicht, was heute alles geschehen wird. Darum empfehle ich mich dir.
Nimm von mir alles Widerstreben und jegliche Auflehnung, wenn etwas geschieht, was mir nicht passen sollte. Mach mich bereit, daß ich mich dir öffne, damit ich verstehen kann, was du willst, das ich tun soll. Ich bitte dich: Komm zu mir und hilf mir, daß ich dich mit in meinen Alltag hineinnehme. Hilf mir, alles was ich tue, mit dir zu tun.
Mach du all mein Tun zu einem immerwährenden Gebet, auf daß dein Wille überall geschehe.
Herr, mein Gott, lehre mich verstehen, daß ich nichts ohne dich tun kann. Gib mir auch die Kraft, daß ich meine täglichen Aufgaben so erfülle, wie du es von mir erwartest. Hilf mir, alle anfallenden Untersuchungen und Behandlungen auch so zuzulassen, daß alles zu deiner Verherrlichung geschieht. Laß Dankbarkeit in mir wachsen für alle pflegerischen Dienste, die ich täglich neu erfahren darf.
Gib allen Schwestern, Ärzten und Pflegekräften die Kraft und rechte Erkenntnis, daß sie ihren Dienst in rechter Verantwortung tun und ihn nicht zur Routine entarten lassen.

Erfülle alle, die im Dienst am kranken Menschen stehen, mit der Kraft deines Geistes. Stärke in mir das Vertrauen zu dir, daß ich im Heute dich nicht überhöre und die Erfüllung deines Willens nicht vergesse. Amen.

Heinz-Josef Bathe

Wahrscheinlich erwarten Sie zu Beginn dieses Tages ein ermunterndes Wort. Worte können verbinden, heilen und trösten; sie können aber ebenso verwunden, trennen und niederreißen. Jesus Christus richtet heute ein Wort an Sie. Möge es Ihnen Ermunterung und Trost sein:

„Kommet alle zu mir, die ihr müde seid und ermattet von übermäßiger Last. Aufatmen sollt ihr und frei sein!"

(Mt 11, 28 ff)

Im Namen des Vaters und des Sohnes und des Hl. Geistes. Amen.

Lasset uns beten!
Herr Jesus Christus, du hast uns zu Beginn dieses Tages eingeladen, dein Wort zu hören, damit wir deine Nähe erfahren. Wir danken dir, daß du uns ansprichst. In der Kraft deines Wortes wollen wir versuchen, unseren Weg heute durch diesen Tag zu gehen. Dein Wort ist keine leere Versprechung, denn du hast unser aller Last getragen. Laß das nicht umsonst geschehen sein.
Gib, daß jeder dein Wort hört als ein Wort für seinen Tag, als eine Antwort auf seine Fragen, als ein Trost in seiner Krankheit, als eine Hilfe für seine Entscheidung, die heute vor ihm liegt.
Herr, jeder hat seine Not und seine Last, dort wo er lebt, leidet oder gesund ist. Gib jedem Kraft und Ausdauer, daß dieser Tag nicht unnütz gelebt wird. Stimme uns nachdenklich in der Wahl unserer Worte, damit wir nicht

verletzen oder gar bedrückt sind. Verbanne unehrliches Denken, auf daß wir in der Wahrheit leben. Bringe unsere Wünsche zurecht. Gib uns das rechte Maß für das Wesentliche, damit wir erkennen, worauf es heute ankommt. Laß uns dann aber auch tun, was wir erkannt haben.
Stärke alle Schwestern, Ärzte und Pflegekräfte, damit sie von der Last ihrer Verantwortung nicht erdrückt werden. Laß uns deine Gemeinde sein, in der du zu Hause bist und die an dich glaubt. Amen.

Heinz-Josef Bathe

Laß mich deine Huld erfahren am frühen Morgen; denn ich vertraue auf dich.

Ps 143, 8

Mein himmlischer Vater! Ich danke Dir, daß Du nach dunkler Nacht mir Deine Sonne scheinen lässest. Ich weiß, daß es nicht ewig dunkel um mich sein wird. Deine Gnade wird mich auch heute nicht im Finstern lassen, sondern als ein freundliches Licht über meiner Krankheit leuchten. So geleite mich denn durch diesen Tag. Wehre allem Bangen und Zagen meiner Seele, mache mich still und getrost. Ich vertraue Deiner Führung und Deinem Beistand. Segne die Hände derer, die mich heute behandeln und pflegen. Behüte meine Lieben daheim und schenke ihnen Kraft und Freudigkeit zu ihrem Tagwerk. Führe mich gesund wieder zu ihnen zurück. Gib, daß auch diese Zeit meiner Heimsuchung an mir und den Meinen nicht ungesegnet bleibt. Laß mich in ihr reifen in allem was zu meinem Heil und Frieden dient. Amen.

Heinrich Kirchner

Morgengebet

Treuer Gott, ein neuer Tag bricht an. Vorbei sind die Ängste der Nacht. Verschwunden das Dunkel draußen und drinnen. Dank dir, o Gott, für diese Beständigkeit deines Lichtes! Und dafür, daß ich es habe erleben dürfen.

Gepriesen seist du, der du die Schöpfung erlöst von aller Finsternis, daß du ihr deine Liebe und Güte zuwendest. Ich bete dich an, der du über allen Welten thronst und die Geschicke der Menschen mit Weisheit lenkst.

Ich bitte dich, laß mich als Kind des Lichtes leben. Ich kann nicht viel tun. Aber die Stunden sollen nicht einfach verrinnen, sondern gewichtig werden für mich und für die Welt.

Für diese kleine Welt um mich her bitte ich dich. Für die anderen Kranken in diesem Haus – schenk ihnen baldige Genesung; für die Ärzte, die Schwestern und alle, die ihnen helfen – segne ihren Dienst und alle Mühe, die sie sich machen. Für die Meinen daheim – bewahre sie in Geduld und gläubigem Vertrauen.

Laß mich heute dankbar sein für alles. Mach mich stark, ein Zeugnis des Glaubens vor allen abzulegen, die mir begegnen. Richte mein Herz auf, wenn ich verzagen sollte, und laß mich nicht schuldig werden.

„Herr, ich suche Zuflucht bei dir. Laß mich doch niemals scheitern. Rette mich in deiner Gerechtigkeit. Wende dein Ohr mir zu, erlöse mich bald!" (Ps 31, 2–3).

Johannes Riede

Am Morgen

Ich danke dir, mein Gott, für diesen neuen Tag, den du mir geschenkt hast. Ich danke dir für jede Stunde des Schlafes, in der ich Schmerzen und Sorgen vergessen konnte. Ich bitte dich nun für diesen Tag: Lindere meine Schmerzen und stärke meine Kräfte. Stärke meine Hoffnung und Zuversicht. Laß mich nicht mutlos werden. Gib mir ein dankbares Herz zu allen, die mir Gutes tun. Laß mich hilfsbereit und gut zu meinen Mitpatienten sein. Vertreibe Neid und Mißtrauen aus meinem Herzen. Beschütze meine Angehörigen. Führe mich heute näher zu dir, meinem Gott.

Werner Kolvenbach

Abendgebete

Abendlied

So legt euch denn, ihr Brüder,
in Gottes Namen nieder;
kalt ist der Abendhauch.
Verschon uns, Gott, mit Strafen
und laß uns ruhig schlafen!
Und unsern kranken Nachbarn auch!

Matthias Claudius

Am Abend

Ich danke dir, mein Gott, für den heutigen Tag. Ich danke dir für jede Erleichterung meiner Beschwerden und für jeden Fortschritt in meiner Gesundung. Ich danke dir für alles Gute, das ich erfahren habe von meinen Mitpatienten, vom Personal und von Besuchern. Laß mich diesen Tag so sehen, wie du ihn siehst. Was vor dir nicht bestehen kann, bereue ich von ganzem Herzen, weil ich dich gekränkt und mir geschadet habe. Hilf, daß ich nicht wieder versage. Und nun bitte ich für mich und alle Kranken: Schenke uns wohltuenden Schlaf und baldige Gesundheit.

Werner Kolvenbach

Ewiger Gott, zu dem wir rufen dürfen: Abba, lieber Vater. Dein Angesicht will ich suchen in dieser Abendstunde. Du hast Licht und Finsternis geschieden (Gen 1, 4), aber du bleibst Herr auch über die Dunkelheit. Dir vertraue ich mich an.

Dank dir, Herr, für diesen Tag. Du hast alles gefügt. Dank dir für alle Hilfe, die ich erfahren durfte. Dank für alle Freude, die mir geschenkt worden ist. Dank für jedes gute Wort und alle Teilnahme. Dank für jeden kleinen Fortschritt bei meiner Genesung. Dank dir, Herr, daß du deine Hand über mich gehalten hast, und daß ich leben darf.

Mit den Emmausjüngern bitte ich dich: „Herr, bleib doch bei uns . . ., der Tag hat sich schon geneigt" (Lk 24, 29). Laß mich deine Nähe erfahren. Du weißt, wie mich die Nacht ängstigt, wenn ich nicht schlafen kann; wenn die Stunden dahintropfen, während ich das Schlagen der Uhr zähle. Laß mich Ruhe finden in dir und den Schlaf, der gesund macht.

Ich bitte dich auch für alle, die ebenso Angst haben in dieser Nacht, die ruhelos sind und weinen. Schenk ihnen deinen Frieden. Ich bitte dich für alle, die in dieser Nacht tätig sind für uns Kranke. Laß sie das tröstende Wort finden und die rechte Hilfe bringen. Ich bitte auch für alle, welche die letzte Nacht ihres Lebens erwarten. Laß sie heimgehen in deinen Frieden. Und für mich selbst bitte ich. Vergib mir, wo ich versagt und Böses getan habe.

So befehle ich mich in deine Güte und Liebe. Laß mich ruhen voll Vertrauen und schlafen in deinem Frieden. Dazu segne und behüte mich, allmächtiger und barmherziger Gott, Vater, Sohn und Heiliger Geist. Amen.

Johannes Riede

Ich liege und schlafe ganz mit Frieden,
denn allein du, Herr, hilfst mir, daß ich sicher wohne.

Ps 4,9

Barmherziger, ewiger Gott! Wieder geht ein Tag meines Lebens zu Ende, doch deine Vatertreue bleibt unveränderlich. Sie geht mit mir auch in diese kommende Nacht und nimmt mir alle Angst und Bangigkeit. Ich erkenne und bekenne vor dir alle meine Schuld und Versäumnis im Laufe dieses Tages. Vergib sie mir und schenke mir den Frieden eines mit dir versöhnten Gewissens um deines Sohnes, meines Erlösers und Heilandes willen. Deiner Gnade befehle ich alle, die heute mit mir gelitten haben und noch leiden, alle, die krank sind an Leib und Seele. Erfülle auch ihre Herzen mit der Gewißheit, daß du über uns allen wachst. Behüte die Meinen zu Hause in dieser Nacht vor Schaden und Gefahr. Denen, die bei den Kranken wachen, schenke Kraft zu ihrem Dienst der sorgenden Liebe. Behalte alle Kranken und Gesunden in deinem göttlichen Frieden. Amen.

Heinrich Kirchner

Herr, nichts ist schwerer in meiner Krankheit
als der Abend und die langen Nächte,
in denen ich nicht zur Ruhe komme.
Wie soll ich an dich glauben,
auf deine Barmherzigkeit hoffen,
wenn ich vor Schmerzen nicht schlafen kann.
Gib mir ein Zeichen deiner Nähe, damit ich wie Thomas
rufen kann: „Mein Herr und mein Gott!"
Lehre mich wieder zu dir zu sprechen,
gib, daß ich dich auch in der Stille höre,
und laß mich deine Liebe erfahren.

Wolfgang Vogel

Wenn wir am Ende des Tages kurz Rückschau halten, dann wollen wir dabei das Wichtigste nicht vergessen: Gott zu danken für diesen Tag, ist wichtiger als alle Planung und Vorbereitung des kommenden Tages. Darum gilt:

„Danket für das Jetzt; ihr wißt nicht, was morgen ist!"

Im Namen des Vaters und des Sohnes und des Hl. Geistes. Amen.

Lasset uns beten!

Herr, unser Gott, wir bringen dir die anvertraute Zeit dieses Tages zurück mit Danken und Bitten. Wir danken für die täglichen Freundlichkeiten, die wir aus deiner Hand empfangen haben: für das Brot, für den Frieden und die Freiheit, für jedes Verstehen, das wir fanden, für jede kleine Freude, mit der du unsere Einsamkeit durchbrachst.

Zugleich aber geben wir dir diesen Tag zurück mit der Bitte: Verzeih, was wir an anvertrauter Zeit und Gelegenheit vergeudet haben. Bringe du zurecht, was von uns versäumt wurde. Vergib, daß wir häufig auf unsere Kraft allein bauten. Weil wir nur auf uns schauten, hat uns der Mißerfolg gedrückt.

Am Ende dieses Tages geben wir doch nur zurück, was einzig und allein Geschenk war von dir. Hab Dank dafür.

Reiche uns in dieser Abendstunde in deinem Wort die Hand, daß wir sie fassen können und sie uns hinüberleite vom heutigen Abend zum morgigen Tag. Segne unsere Angehörigen, von denen wir durch die Krankheit getrennt sind. Vergilt allen, die uns heute gepflegt haben, ihre Hilfsbereitschaft. Und denen, die in dieser Nacht wachen müssen, sei nahe mit der Kraft deines Geistes. Ja, Herr, segne deine Gemeinde in dieser Abendstunde. Amen.

Heinz-Josef Bathe

Vielleicht steht am Ende dieses Tages das große Wort „Warum" ohne Antwort. Warum muß ich krank sein? Warum wurde ich noch nicht entlassen? Warum wurde noch keine klare Diagnose gestellt? Warum sind die Untersuchungen noch nicht abgeschlossen? – Wir fragen nach dem „Warum"!

„Warum, o Herr?"

Im Namen des Vaters und des Sohnes und des Hl. Geistes. Amen.

Lasset und beten!

Herr, du ewiger, unerforschlicher Gott! Auch am Ende dieses Tages fragen wir: Warum? Wir suchen Hilfe in unserer leiblichen Not. Oft glauben wir, die von dir geforderten Wege nicht gehen zu können. Du verstehst dies wohl. Du erhörst unser Gebet und nimmst von uns die Last nach deinem Rat und deiner Güte. Lehre uns aber auch bedenken, daß die Stunde unseres Leidens die Stunde deiner Gnade sein kann. Da sollen wir das Werkzeug sein, durch das deine Herrlichkeit offenbar wird. Das ist die Stunde der Gnade, in der du uns deutlich machst, daß wir im Leiden zum Kristall werden sollen, der den Glanz deiner Herrlichkeit empfängt und zurückstrahlt.

O Herr, nicht immer sind wir heute deiner Gnade gerecht geworden. Wir müssen eingestehen, daß deine Wege und Gedanken so viel höher sind als die unseren, wie der Himmel höher ist als die Erde.

Habe Geduld mit uns und wirke in uns den Gehorsam des Glaubens, der nicht auf das Unsere, sondern auf das deine sieht.

Herr, solltest du auch den morgigen Tag zulassen und noch nicht mit unserer Genesung einverstanden sein, dann gib uns die Kraft, daß wir bekennen können: darum, Herr, weil du es willst, damit dein Wille geschehe. Amen.

Heinz-Josef Bathe

Bleibe bei uns, Herr

denn es will Abend werden
und der Tag hat sich geneigt.

Bleibe bei uns und bei deinem ganzen Volke.

Bleibe bei uns am Abend des Tages, am Abend des Lebens, am Abend der Welt.

Bleibe bei uns mit deiner Gnade und Güte, mit dem Wort und Beispiel deines Sohnes, mit deinem Trost und deinen Verheißungen.

Bleibe bei uns, wenn über uns kommt die Nacht der Trübsal und der Angst, die Nacht des Zweifels und der Anfechtung, die Nacht der Einsamkeit und Verlassenheit, die Nacht der Krankheit und Schmerzen, die Nacht des bitteren Todes.

Bleibe bei uns und bei all unseren Lieben, bei allen, die zerschlagenen Herzens sind, und bei allen deinen Gläubigen in Zeit und Ewigkeit.

Heinrich Kirchner

Kinder beten

Morgengebet

Guten Morgen, lieber Gott!
Hilf mir, daß ich heute wieder froh und munter bin und mit meinen Freunden spielen kann.
Bitte, mach mich schnell gesund, daß ich bald bei meiner Mami bin!

Resi Augustin
Luise Meiler

Kummergebet

Vater im Himmel, ich bin krank.
Mein Kopf tut mir weh, ich habe Fieber und Schmerzen.
Bitte laß mich heute Nacht gut schlafen, damit es mir morgen besser geht. Hilf auch den anderen Kindern in diesem Krankenhaus, daß auch sie wieder gesund werden und bald wieder nach Hause dürfen.

Ich danke dir für diesen vergangenen Tag, für all die schönen Stunden, die du mir jeden Tag von neuem schenkst. Bitte, behüte mich und meine Eltern, und hilf mir, bald gesund zu werden.

Lieber Vater im Himmel,

ich muß jetzt für einige Zeit im Krankenhaus liegen.
Ich habe Angst und weiß nicht, ob ich wieder gesund werde.
Aber du, Vater, weißt, was gut für mich ist.
Du hast mich lieb und läßt mich nie allein.
Dafür will ich dir danken.

Margitta Naefe

Dankgebet für kranke Kinder

Lieber Gott,
bald komme ich aus dem Krankenhaus und darf nach Hause.
Ich freue mich auf meine Eltern und Geschwister, mit denen ich jetzt wieder spielen und fröhlich sein kann.

Lieber Gott,
ich danke dir, daß du mich gesund gemacht hast und daß mir jetzt nichts mehr weh tut.

Michaela Fahrnholz

Gebet der Pflegenden für kranke Kinder

Gott, ich bitte dich für unsere kleinen Patienten, erhalte ihnen ihre kindliche Freude und ihr fröhliches Lachen auch hier bei uns in der fremden Umgebung einer Klinik.
Halte deine schützenden Hände über sie, damit alle Schmerzen, Kummer und Leid der Krankheit unbeschadet an ihnen vorbeigehen und sie bald wieder gesund nach Hause entlassen werden können.
Gib uns, denen diese kranken Kinder anvertraut sind, die Kraft, Geduld, Ausdauer und Liebe, um ihnen so gut wie möglich beizustehen.
Ich danke dir dafür! Amen.

Monika Maar

Junge Leute beten

1 + 1 = 3

Lieber kranker, junger Freund!
Bevor wir beide, der Arzt auf der einen und der Seelsorger auf der anderen Seite, uns kannten, verfolgte jeder seine Aufgabe im Krankenhaus allein für sich. Seit einigen Jahren gehen wir unseren Weg gemeinsam.

Vielen deiner Kameraden, vielleicht dir selbst, ist der Sinn für das Annehmen deiner Krankheit als ein von Gott gewolltes Schicksal, als Aufgabe, die bewältigt, als Prüfung, die durchgestanden werden muß, abhanden gekommen. Du bist überzeugt, ein Anrecht auf deine Gesundheit zu haben. Und bist du einmal krank, so siehst du dies als ärgerliche Panne an und forderst sowohl vom Arzt als auch von Gott deine Gesundheit als ein dir zustehendes Gut zurück. Verläuft die Genesung nicht so, wie du dir das vorstellst, so magst du vielleicht den Arzt verurteilen und an Gott verzweifeln. So wird der Arzt zum Gegner, sogar zum Schuldigen.

Gott rückt immer weiter in die Ferne und du stellst die Frage, ob er überhaupt existiert.

Was können wir nun für dich tun?

Der Arzt begegnet dir zunächst als Fachmann, der oft 10 bis 15 Jahre gebraucht, um sich das Wissen und die Erfahrung anzueignen, um dir überhaupt helfen zu können.
Wenn er das erste Mal dir gegenübertritt, so bist du für ihn nicht ein Fall wie jeder andere, sondern du stehst als einmalige und unvertauschbare Person ihm gegenüber.

Der Seelsorger tritt das erste Mal an dein Bett, um dir nur „Guten Tag“ zu sagen.

Arzt und Seelsorger kommen oft an dein Bett und sprechen mit dir. Aber sie sagen dir noch viel mehr durch den Händedruck und den Gesichtsausdruck.

Arzt und Seelsorger nehmen dich als Kranken mit nach Hause, um dein Leid mitzutragen, und überlegen, wie sie dir helfen können. So tragen sie dein Kreuz mit.

Nach dem zweiten oder dritten Besuch sagt dir der Seelsorger:
„Andreas, ich denke an dich!“
Dies bedeutet:
Ich knie mich abends vor dem Bett nieder und bete:
‚Ich möchte, daß du, Andreas, gut schläfst, daß du morgen die Sonne entdeckst, daß du bald wieder gesund bist.’

Bist du schwer krank, so bete ich mit dir das „Vaterunser“ oder das „Jesus-Gebet“:
‚Sei gepriesen, Herr Jesus Christus, Sohn des allmächtigen Gottes. Du bist der Erlöser der Welt, unser Herr und Heiland. Komm, Herr Jesus, und steh uns bei, daß wir

allezeit mit dir leben und in das Reich deines Vaters gelangen.'

Am Schluß segne ich dich.

Du magst es glauben oder nicht, vor einer großen Operation bete ich als Arzt für dich, damit mir Gott hilft.

Du entdeckst uns als Arzt und Seelsorger beim sonntäglichen Gottesdienst in der Krankenhauskapelle; denn wir haben beide unseren persönlichen Auftrag von Gott.

Aus diesem Grunde
1 + 1 = 3

Dr. Wolfgang Nyvlt/Pfarrer Hans-Jürgen Vogelpohl

Ich brauche
einen der mitgeht
einen der warnt
einen der wartet
einen der zuhört
einen der mitmacht
einen der verzeiht
einen der fragt
einen der zweifelt
einen der mitleidet
einen der versteht
einen der mitlacht
einen der widerspricht
einen der antwortet
einen der vertraut
. . . Menschen

Hans-Jürgen Vogelpohl

Erfahrung

„Unverhofft kommt oft" –
ganz unten in der Sprichwortkiste lag diese Erfahrung.
Und nun ist es passiert:
Ich bin krank.
Eigentlich habe ich nie etwas gehabt,
aber jetzt lerne ich, was es heißt,
nicht gesund zu sein.
Das Leben nimmt mich in die Schule:
Da ändert sich vieles,
ich mich auch.

Und die Wünsche
aus gesunden Tagen
werden gegenstandslos.
Und die Aufregungen
aus gesunden Tagen
erledigen sich von selbst.
Und die Urteile
aus gesunden Tagen
gelten nicht mehr.

Ich lerne
mit meiner Krankheit
zu leben:
Hoffen, Mut haben, Vertrauen,
das allein wird wichtig.

Hilfe erfahren,
Menschen an seiner Seite wissen
und glauben,
daß Gott im Spiel bleibt.

Werner Schaube

Zurufe

„Was machst du denn hier?“
Jemand hat mich auf dem Krankenhausflur entdeckt.

„Junge, halt die Ohren steif!“
Jemand macht mir Mut, will mir Zuversicht geben.

„Wie geht es dir?“
Jemand meint es ernst, interessiert sich für mich.

„Na, wann wirst du denn entlassen?“
Jemand fühlt mit, wünscht mir Gesundheit, Heilung.

„Mensch, du kannst ja schon wieder lachen!“
Jemand weiß, was hilft.

„Danke!“

Werner Schaube

Gebet auf dem Weg

Gott, schenke uns Gelassenheit,
das hinzunehmen,
was wir nicht ändern können.

Gott, schenke uns Mut,
das zu ändern,
was wir ändern können.

Gott, schenke uns Weisheit,
das eine vom anderen zu unterscheiden.

Hans-Jürgen Vogelpohl

Lebenslied

Wir lieben das Leben,
wir suchen und streben
nach Freude und Glück.
Herr, wer kann uns führen?
Wenn wir uns verlieren,
ruf du uns zurück.

Wir lachen und weinen;
die Sonne wird scheinen
im Wechsel der Zeit.
Herr, an allen Tagen
das Leben zu wagen,
mach du uns bereit.

K. Sandmeyer in Zusammenarbeit mit J. Reich und W. Schaube

Atempause

> „Niemand lebt davon,
> daß er das Leben verneint."
>
> Andre Malraux

Das Leben lieben,
auf der Suche sein
nach Freude,
nach Glück –
den Augenblick schmecken,
die köstliche Zeit!
Das Leben hereinlassen,
es an die Hand nehmen:
Komm!
Kein Programm
für Lebenskünstler,
aber ein Lebensweg,
der immer neu
und immer wieder „geht",
den zu gehen
wir bereit sind.

Leicht gesagt, schwer gelebt.
Die Untiefen des Alltags,
die Strudel der Angst –
wer kennt sie nicht?
Und wie oft scheint
der rettende Strohhalm
unerreichbar?
Wir brauchen Lebens-Mittel:
eine Hoffnung, die trägt.

Die Botschaft:

„Ich bin der Weg
und die Wahrheit
und das Leben;
niemand kommt zum Vater
außer durch mich." Joh 14,6

Wer es glaubt,
darauf vertraut,
wird leben.
Immer.

Werner Schaube

Ältere Menschen beten

Wir werden einmal alle alt
und stille werden
und werden wissen, was wesentlich ist
und was ungestraft ausgelöscht werden kann.

Einmal wird unser Auge ruhig werden
und müde unser Schritt,
und Sonnenuntergang
wird unseren Abend färben.

Ich kenne einen alten Mann,
der immer schwere Lasten trug
und sich der Mühe nie entzog.
Ich denke an sein stilles Antlitz,
an das Wissen vieler einsamer Wege.
Sein Leben war hart und dürftig,
doch der milde Klang seiner Stimme
zeigte Güte ohne Bitterkeit.

Wir werden einmal alt und müde.
Laßt uns beten, daß unsere Stimmen milder werden
und unsere Gesichter Verkünder des Friedens.

Viola Renvall

Herr, ich bin alt, schwach und krank, ich kann nichts mehr tun; aber du läßt mich leben. So will ich da sein für dich. Hilf mir, daß ich all die Dienste, die ich von anderen brauche, willig und dankbar annehme. Gib du deinen Segen allen, die mir Gutes tun.

Allmächtiger, ewiger Gott! Du hast mir ein langes Leben gegeben. Ich danke dir, daß du mir Gesundheit und Kraft zu meiner Arbeit geschenkt hast. Hilf mir, daß ich auch jetzt, wo meine Kräfte abnehmen, und mein Lebensabend gekommen ist, deine Hand getrost ergreife und mich von ihr führen lasse. Sei mit deinem Segen auch bei denen, die an meine Stelle getreten sind. Gib mir ein zufriedenes Herz. Laß die Zeit der Ruhe nicht ungenutzt an mir vorübergehen. Ziehe mich immer näher du dir.
Erfülle meine Tage mit deinem Frieden.
Sei in der Schwachheit meine Stärke.
Herr, ich lasse dich nicht, du segnest mich denn. Amen.

Heinrich Kirchner

Ich bleibe derselbe, so alt ihr auch werdet,
bis ihr grau werdet, will ich euch tragen.
Ich habe es getan,
und ich werde euch weiterhin tragen,
ich werde euch schleppen und retten.

Jes 46,4

Verwirf mich nicht, wenn ich alt bin,
verlaß mich nicht, wenn meine Kräfte schwinden.

Ps 71,9

O Herr, bitter ist das Brot des Alters und hart. Wie erschien ich mir früher reich – wie arm bin ich nun, einsam und hilflos. Wozu tauge ich noch auf Erden? Schmerzen plagen mich Tag und Nacht, träge rinnen die Stunden meiner schlaflosen Nächte dahin; ich bin nur noch ein Schatten dessen, der ich einmal war. Ich falle den andern zur Last.

Herr, laß genug sein! Wann wird die Nacht enden und der lichte Tag aufgehn? Hilf mir, geduldig zu sein. Zeig mir dein Antlitz, je mehr mir alles andere entschwindet. Laß mich den Atem der Ewigkeit verspüren, nun, da mir aufhört die Zeit. Auf dich, Herr, habe ich gehofft; laß mich nicht zugrundegehen in Ewigkeit.

Michelangelo

Herr und Heiland, schau auf mich. Reich mir deine Hand. Trag mit mir die Last der Jahre. Gib Gesundheit und Heil, Trost und Geduld, Geduld mit den Menschen, Geduld mit den Dingen, Geduld mit mir selber. Sei du mit mir in der Einsamkeit. Öffne meinen Mund zu deinem Lob. Laß mich fruchtbar sein an Werken der Güte. Laß mein Herz nicht von Undankbarkeit verschlossen werden. Deine Liebe bewahre mich vor der Starre des eigenen Sinnes, vor Selbstsucht und Verbitterung. Sie heile mich, wenn Versuchung mich überfällt. Laß dein heiliges Opfer und Mahl die Kraft meiner Tage sein.

Wenn du rufst, laß mich deine Stimme erkennen, ihr freudig folgen und mit Simeon beten: „Nun läßt du, Herr, deinen Knecht, wie du gesagt hast, in Frieden scheiden. Denn meine Augen haben das Heil gesehen, das du vor allen Völkern bereitet hast, ein Licht, das die Heiden erleuchtet, und Herrlichkeit für dein Volk Israel."

Theodor Schnitzler

Himmlischer Vater, ich fühle, daß mein Leben zur Neige geht, und manchmal habe ich Angst, daß es nicht so war, wie es hätte sein sollen. Ich kann nicht mehr viel dazu tun. Trotz allem danke ich dir dafür. Laß mich nun zur Ruhe kommen.

Laß diese kurzen Jahre, die du mir noch schenken willst, zu einem guten Abschluß meines Lebens werden. Laß mich offen sein für alle Menschen, die meine Liebe brauchen. Laß mich Verständnis haben für junge Menschen, mich freuen auch an dem, was ich selber nicht mehr tun kann. Laß mich durch mein Beten teilhaben an allem, was nach deinem Willen in der Welt geschieht.

Komm du in meine Einsamkeit. Erfülle sie mit deiner Liebe. Laß den Weg sichtbar werden, den wir Menschen alle gehen, den Weg zur Ewigkeit.

Vor einer Operation

Fürchte dich nicht, denn ich bin mit dir;
hab keine Angst, denn ich bin dein Gott.
Ich helfe dir, ja, ich mache dich stark,
ja, ich halte dich mit meiner hilfreichen Rechten.

Jes 41,10

Mein Vater im Himmel! Bei dir ist kein Ding unmöglich:; du heilst, die gebrochenen Herzens sind, und verbindest ihre Schmerzen. Darum traue ich auf dich, laß mich nicht zuschanden werden. Dir übergebe ich mich, mache mit mir, was dir wohlgefällt. Dein Wille geschehe. Führe die Hände, die an mir arbeiten, und laß alles gut vorübergehen. Segne die Fürsorge derer, die mich vor und nach meiner Operation pflegen und meine Schmerzen zu lindern suchen. Laß mich nichts hören und nichts anderes sehen als dich allein. Vergib mir alles, worin ich gefehlt habe in Gedanken, Worten und Werken. Deine Hand halte mich, dein Geist stärke mich, dein Friede erfülle und geleite mich! Amen.

Heinrich Kirchner

Guter Jesus, morgen soll ich operiert werden.
Ich habe Angst davor, nicht mehr aufzuwachen.
Die Narkose macht mir mehr zu schaffen als die Operation.
Wenn nur schon alles vorbei wäre!
Die Stunden vergehen so langsam, und meine innere Unruhe wird immer größer.
Ich kann mich mit nichts mehr ablenken.
So nehme ich jetzt meine Zuflucht zu dir, Herr.
Du selbst hast die Angst vor dem Ende ausgehalten und durchgelitten.
Ich bitte dich, sei mir jetzt nahe in meiner Angst.
Denn ohne dich werde ich nicht damit fertig.
Geh mit mir diesen Weg.
Du hilfst mir nicht am Leiden vorbei, aber du hilfst hindurch.
So lege ich alles in deine Hände:
meine Angst, meine Sorge, meine Ohnmacht – und danke dir, daß du mir nahe bist. Amen.

Herr, du kennst meine Schwäche und Not.
Nichts kann ich tun, nur da liegen und leiden und meine Schmerzen aushalten.
Ich habe so wenig Geduld.
Es fällt mir schwer, jetzt im Bett zu liegen.
Gib mir die Kraft,
für den heutigen Tag nicht den Mut zu verlieren.
Denn du bist mein Gott, auf dich vertraue ich.

Herr Jesus Christus,
ich glaube an dich, ewige Wahrheit, vermehre meinen Glauben.
Ich hoffe auf dich, unendliche Barmherzigkeit, laß mich nicht allein.
Ich liebe dich, mein Gott und mein Alles, entzünde in mir das Feuer deiner Liebe.

Sohn des Vaters, Christus, der in uns lebt, du bist die Hoffnung unserer Herrlichkeit. Lebe du in mir, bete du in mir, leide du in mir, mehr verlange ich nicht. Denn wenn ich dich habe, bin ich reich; wer dich gefunden hat, hat die Kraft und den Sieg seines Lebens gefunden.

Karl Rahner

Gebet vor einer Operation

Guter Gott, immer wieder muß ich an die Worte denken: Ich schaffe es, und du vollbringst es.

Herr, ich habe doch ein wenig Angst. Ich weiß, daß mich die guten Wünsche der Freunde begleiten. Daß mich ihre treuen Gebete tragen. Trotzdem bin ich bange: Wird es gut gehen? Ich habe mein Einverständnis gegeben. Jetzt liegt alles in der Hand des Arztes – und in der deinen.

Was kann ich Besseres tun, als mich in deine Hand fallen lassen. Mich „im Schatten deiner Flügel bergen" (Ps 16, 8). Du weißt alles, auch was mir und meinen Lieben zum Besten dient. Trotzdem bitte ich dich voll Vertrauen: Laß mich alles gut durchstehen. Führe du die Hand des Arztes und aller, die sich um mich bemühen. Rette mich aus dem verschlingenden Abgrund, wie du den sinkenden Petrus aus den Wassern gerettet hast. Wenn ich weiterleben darf, will ich dir dankbar sein und dankbar bleiben.

Wenn aber dein Wille anders sein sollte, weiß ich: Bei dir bin ich am besten aufgehoben. Nur für die Meinen bitte ich, daß es ihnen dann nicht zu schwer wird.

Johannes Riede

Gebet vor einer schweren Operation

Herr, du hast gebetet, „nicht mein, sondern dein Wille geschehe".

Ich bitte dich, verlaß mich nicht auf dem schweren Weg, der mir bevorsteht. Nur mit dir wird mir Kraft und Zuversicht zuteil. Erbarme dich meiner.

Nach überstandener Krankheit

Dankgebet nach der Genesung

Herr, ich vertraue auf dich;
du hast mich geprüft.
Mach mich gesund, und laß mich wieder genesen!
Du hast mich aus meiner bitteren Not gerettet,
du hast mich vor dem tödlichen Abgrund bewahrt;
denn all meine Sünden warfst du hinter deinen Rücken.
Ja, in der Unterwelt dankt man dir nicht,
die Toten loben dich nicht;
wer ins Grab gesunken ist,
kann nichts mehr von deiner Güte erhoffen.
Nur die Lebenden danken dir,
wie ich am heutigen Tag.
Von deiner Treue erzählt der Vater den Kindern.
Der Herr war bereit, mir zu helfen;
wir wollen singen und spielen im Haus des Herrn,
solange wir leben.

Jes 38, 16–20

Gebet nach einer schweren Operation

Guter Vater im Himmel, ich danke dir,
als ich zu dir rief in meiner Not,
daß du mir Hilfe schenktest und Kraft, die ich selber nicht mehr hatte.
Heilige Mutter Gottes, ich habe wieder erfahren,
daß man dich nie umsonst anfleht.

Gebet einer Mutter nach einer schweren Krankheit

Gott, unser Vater, ich danke dir und der Gottesmutter Maria, daß ich wieder beten kann. Ich habe auf dem Scheideweg gestanden, aber du, o Gott, hast durch meine Krankheit zu mir gesprochen und mich berufen, meine Pflichten als Mutter und Ehefrau weiterführen zu dürfen.
Ich danke dir.

Dankgebet nach einer schweren Krankheit

Lieber Gott und Vater, ich danke dir für all deine Güte nach der überstandenen Krankheit.
Du warst immer bei mir.
Beschütze unsere ganze Familie vor allem Bösen
und hilf uns mit deiner Kraft, den rechten Weg zu gehen.

Sei allen Kranken nahe in ihrer Not und laß sie in der Hoffnung auf deine Hilfe stark bleiben und den Mut nicht verlieren.

Schicke ihnen Menschen, die ihnen helfen und sie verstehen.
Erbarme dich auch aller Verstorbenen und ihrer Angehörigen.

Gib allen Menschen mehr Freundlichkeit und Verstehen füreinander und schenke unserer friedlosen Welt deinen Frieden.

Du hast mein Leben dem Tod entrissen

Ich liebe den Herrn, denn er hörte mein lautes Flehen
und neigte zu mir sein Ohr am Tage, da ich zu ihm rief.

Umfangen hatten mich die Fesseln des Todes,
befallen Ängste der Unterwelt,
getroffen Bedrängnis und Kummer.
Da rief ich den Namen des Herrn an:
„Ach Herr, rette mein Leben!"
Der Herr ist gnädig und gerecht,
unser Gott ist barmherzig.
Der Herr behütet die schlichten Herzen;
ich war in Not und er brachte mir Hilfe.

Komm wieder zur Ruhe, mein Herz!
Denn der Herr hat dir Gutes getan.
Ja, du hast mein Leben dem Tod entrissen,
mein Auge den Tränen, meinen Fuß dem Gleiten.
So gehe ich meinen Weg vor dem Herrn
im Lande der Lebenden.

Ps 116, 1–9

In Angst und Not

Herr, ich bin in großer Not.
Diese Krankheit hat mich so plötzlich getroffen.
Ich war nicht darauf vorbereitet.
Nun fällt es mir schwer, einen Sinn darin zu finden,
weil ich deine Güte nicht sehen kann.
Du erscheinst mir so fern,
und auf meine Fragen gibst du mir keine Antwort.
Aus dieser Dunkelheit rufe ich zu dir:
Laß mich nicht allein!
Du kannst mich wieder aufrichten.
Wenn es dein Wille ist,
laß mich wieder gesund werden.
Gib mir die Kraft, jetzt nicht zu verzweifeln.
Du, Herr, bist mir nahe,
auch wenn ich dich nicht spüre.
Auf dich vertraue ich.

Astrid Mertens

Nichts soll dich ängstigen,
nichts dich erschrecken.

Alles geht vorüber.
Gott allein bleibt derselbe.
Alles erreicht der Geduldige,
und wer Gott hat, der hat alles.

Gott allein genügt.

Theresia von Avila

Mein Herr und mein Gott, stärke mich in dieser Stunde. Erbarme dich meiner, Herr; denn ich bin schwach.

Meine Kräfte haben abgenommen; steh du für mich, Herr.

Unbegreiflicher Gott!

Ich habe in langen Tagen
und schlaflosen Nächten
mehr deine Ferne und Abwesenheit
als deine Nähe erfahren.
Gib mir die Kraft, durch diese Krankheit
nicht irre zu werden an deiner Liebe,
sondern mich dem zu ergeben,
was dein Wille ist.

Edmund Johannes Lutz

Angst – Litanei

Diagnose – wer weiß?
Operation – und dann?
Therapie – wozu denn?

Schmerz und Schwäche –
dunkle Wege.
Und in der Ferne ein Licht,
das zuversichtlich macht.

Werner Schaube

Befiehl dem Herrn deinen Weg und vertrau ihm;
er wird es fügen.

Ps 37,5

Herr Jesus Christus! Zu dir komme ich in der Not und Angst meines Herzens. Mein Leiden lastet schwer auf mir. Seine dunklen Schatten lassen mich bange werden. Auch du, mein Erlöser, bist den dunklen Weg des Leidens gegangen. Du bist betrübt gewesen bis in den Tod. Du hast in Gethsemane gezittert und gezagt in großer Einsamkeit. Darum kennst du auch meine große Angst und meine große Anfechtung in diesen Tagen meines Leidens. Der du für mich gelitten hast und um meinetwillen durch die Not des Verlassenseins gegangen bist: Hilf mir überwinden, wie du überwunden hast. Verleihe meinem müden Glauben neue Kraft, befreie mich aus allem Zweifel an deines Vaters Liebe. Laß meine Gedanken nur auf dich und dein erlösendes Leiden gerichtet sein und mache mich wieder stille.
Herr, ich glaube, hilf meinem Unglauben! Amen.

Heinrich Kirchner

Bei Niedergeschlagenheit

Gott, zu dir rufe ich: Hilf mir beten
und meine Gedanken sammeln zu dir;
ich kann es nicht allein.
In mir ist alles finster,
aber bei dir ist das Licht;
ich bin einsam, aber du verläßt mich nicht;
ich bin kleinmütig, aber bei dir ist die Hilfe;
ich bin unruhig, aber bei dir ist der Friede;
in mir ist Bitterkeit, aber bei dir ist die Geduld;
ich verstehe deine Wege nicht,
aber du weißt den Weg für mich.

Dietrich Bonhoeffer

Ich habe, keinen anderen Helfer als dich, keinen anderen Erlöser, keinen anderen Halt. Zu dir bete ich. Nur du kannst mir helfen. Die Not ist zu groß, in der ich jetzt stehe. Die Verzweiflung packt mich an, und ich weiß nicht mehr ein noch aus. Ich bin ganz unten, und ich komme allein nicht mehr hoch, nicht heraus. Wenn es dein Wille ist, dann befreie mich aus dieser Not. Laß mich wissen, daß du stärker bist als alle Not.

O Herr, wenn ich durchkomme, dann laß doch diese Erfahrung zu meinem und dem Heil meiner Brüder beitragen. Du verläßt mich nicht. Ich weiß das.

aus Afrika

Sich nicht ängsten

Nicht, daß wir die Angst unterdrücken sollen hinter einem fröhlichen Gesicht. Nicht, daß wir der Angst zu widerstehen hätten mit allen Kräften. Nicht, daß wir uns die Angst wegsuggerieren sollten mit ständig angespanntem Willen. Die Angst gehört zu uns. Sie ist kein Feind, sondern ein Gast, den wir aufnehmen in dem Glauben, daß der Hausherr stärker ist als er. Ein Gast, der wieder geht. Den wir entlassen, wenn er wieder gehen will.

Jörg Zink

Herr, du hast gesagt:
Solange ihr in der Welt seid,
habt ihr Angst.
Du willst nicht die Kraftmenschen,
die keine Angst kennen.
Du hast selbst einmal gesagt: Mir ist angst.
Aber dann bist du den Weg gegangen,
vor dem dir angst war.

Du hast dich und alle deine Angst
dem in die Hände gelegt,
der dich führte.

So hilf mir,
mich nicht zu wehren gegen die Angst,
sondern sie willig einzulassen
und mich mit meiner Angst zusammen
dir zu übergeben.
Gib du mir Frieden.

So habe ich Kraft für meinen Weg,
Gelassenheit in aller Unrast,
festen Grund unter den Füßen
und ein Ziel, dein Ziel, vor den Augen.

Du hast gesagt: Das sage ich euch zum Trost,
ich habe die Welt überwunden.
Klein will ich denken von dieser Welt
und groß von dir, Herr. Jörg Zink

Jesus sagt: In der Welt seid ihr in Bedrängnis; aber habt Mut: Ich habe die Welt besiegt.

Joh 16, 33

Bitte in tiefer Not

Aus der Tiefe rufe ich, Herr, zu dir:
Herr, höre meine Stimme!
Wende dein Ohr mir zu,
achte auf mein lautes Flehen!
Würdest du, Herr, unsere Sünden beachten,
Herr, wer könnte bestehen?
Doch bei dir ist Vergebung,
damit man in Ehrfurcht dir dient.

Ich hoffe auf den Herrn, es hofft meine Seele,
ich warte voll Vertrauen auf sein Wort.
Meine Seele wartet auf den Herrn
mehr als die Wächter auf den Morgen.
Denn beim Herrn ist die Huld,
bei ihm ist Erlösung in Fülle.

Ps 130, 1–6.7 b

Vater, in deine Hände lege ich voll Vertrauen meinen Geist.

Über das Leid

Den Geplagten rettet Gott durch seine Plage
und öffnet durch Bedrängnis sein Ohr.
Auch dich entreißt er dem Rachen der Bedrängnis,
in Weite stehst du, nicht in Enge,

Ijob 36, 15 f

Ich aber bete zu dir,
Herr, zur Zeit der Gnade.
Erhöre mich in deiner großen Huld,
Gott, hilf mir in deiner Treue!
Entreiß mich dem Sumpf,
damit ich nicht versinke.
Zieh mich heraus aus dem Verderben,
aus dem tiefen Wasser!
Laß nicht zu, daß die Flut mich überschwemmt,
die Tiefe mich verschlingt,
der Brunnenschacht über mir seinen Rachen schließt.
Erhöre mich, Herr, in deiner Huld und Güte,
wende dich mir zu in deinem großen Erbarmen!
Verbirg nicht dein Gesicht vor deinem Knecht;
denn mir ist angst. Erhöre mich bald!
Sei mir nah, und erlöse mich!

Ps 69, 14–19a

In Todesangst

Seit langem ahnte ich, daß ich unheilbar krank sei. Darum bat ich den Arzt, mir doch endlich „die Wahrheit" zu sagen. Ich hatte immer geglaubt, daß ich sie ertragen könnte.

Inzwischen weiß ich aber, daß es nahezu unerträglich ist, mit dem Tod vor Augen zu leben. Jetzt erst spüre ich, wie sehr ich am Leben hänge. Ich habe mir nie vorstellen können, wie es einem Menschen zumute ist, der keine Hoffnung mehr hat. Jetzt weiß ich es.

Aber vielleicht geschieht noch ein Wunder, oder hat der Arzt sich geirrt . . .

Mein Gott! Ich kann mich nicht damit abfinden, daß mein Leben zu Ende geht – mitten im Leben!

Herr, ich flehe Dich an: Hilf mir!

Petrus Ceelen

Quellennachweis

Seite 15: Krank sein
aus Jörg Zink: „Wie wir beten können". Kreuz Verlag 1970

Ich bitte Dich, Herr . . .
aus Ginsberg, Ernst: „Abschied. Erinnerungen, Theateraufsätze, Gedichte". © 1965 by Verlags AG Die Arche, Zürich

Jesus unser Bruder
aus Paul Ringseisen: „Ruf und Anruf. Neue Litaneien". ©²1982 by Don Bosco Verlag, München

Seite 17: Die Hände Jesu
aus Paul Ringseisen: „Ruf und Anruf. Neue Litaneien". © ²1982 by Don Bosco Verlag, München

Seite 19: Naiv
aus Friedrich Dietz (Hrsg.): „Hol uns heraus, Herr!". 1980 Bischöfl. Generalvikariat, Fulda

Seite 22: Sie befehlen, ich gehorche
aus Uwe Seidel und Diethard Zils: „Psalmen der Hoffnung". © 1974 by Schriftenmissions-Verlag, Gladbeck

Seite 38: Herr, du weißt . . .
aus Gerhard Heinrich: „Wenn man krank wird. Das kleine Andachtsbuch". Windecker Verlag, Windeck

Seite 40: Vater im Himmel . . .
„Gotteslob“ (10, 3). Bernward Verlag, Hildesheim
Vater, es fällt mir schwer . . .
„Gotteslob“ (10, 1). Bernward Verlag. Hildesheim

Seite 41: Herr, ich bejahe deinen Willen . . .
aus Jörg Zink: „Wie wir beten können“. Kreuz Verlag 1970

Seite 55: Herr, Gott, großes Elend . . .
aus Dietrich Bonhoeffer: „Widerstand und Ergebung“. Chr. Kaiser Verlag, München 1977²

Seite 56: Besinnung
aus Lothar Rudnik: „Ach du, Herr – wie lange. Gebete im Krankenzimmer“. © by Ehrenfried Klotz Verlag, Göttingen (1. Gebet leicht geändert)

Seite 62: Von guten Mächten
aus Dietrich Bonhoeffer: „Widerstand und Ergebung“. Chr. Kaiser Verlag, München 1977²

Seite 67: Herr, mit Maria und Johannes . . .
aus Klaus Becker: „Gebet in schwerer Krankheit“. Verlag Butzon & Bercker, Kevelaer ³1981, S. 34

Seite 93: Wir werden einmal . . .
aus: „Der Weite Raum“ – Zeitschrift der Kaiserswerther Generalkonferenz, Oktober 1969

Seite 94: Herr, ich bin alt, . . .
aus Rudolf Fischer-Wollpert / Josef Heckens / Anneliese Lissner / Georg Wüst: „Gebet der Familie". Verlag Butzon & Bercker, Kevelaer [3]1972

Seite 95: Herr und Heiland, . . .
„Gotteslob" (10, 2)

Seite 96: Himmlischer Vater . . .
„Gotteslob" (11, 2). Bernward Verlag, Hildesheim

Seite 98: Guter Jesus, morgen . . .
aus Karl Rahner: „Glaube, der die Erde liebt". Herder-Bücherei, Band 266, Verlag Herder, Freiburg 1967

Seite 108: Bei Niedergeschlagenheit
aus Dietrich Bonhoeffer: „Widerstand und Ergebung". Chr. Kaiser Verlag, München 1977[2]

Seite 108: Ich habe keinen anderen Helfer . . .
„Gotteslob" (9, 1). Aussaat Verlag, Wuppertal

Seite 108: Sich nicht ängsten
aus Jörg Zink: „Wie wir beten können". Kreuz Verlag 1970

Seite 109: Herr, du hast gesagt . . .
aus Jörg Zink: „Wie wir beten können". Kreuz Verlag 1970

Seite 111: In Todesangst
aus P. Ceelen: „Ehrlich vor Gott". Verlag Herder, Freiburg 1981